ゴージャスでスパイシーな
香りのコサージュを作る
四季のギフト **Mein Stil**（マインシュティール）

石井万里子

日貿出版社

バラのリース（直径23cm　部分）

Preface
はじめに

　18世紀頃、チロル地方で生まれたと言われるスパイスの飾り——オーストリアはインスブルックの博物館に飾られていた作品の数々に心奪われた日から、私はこの工芸の魅力にとりつかれています。今でもクリスマスの季節になると、ウィーン、インスブルック、ザルツブルク、ドイツ南部、北イタリアなどでかわいい作品が並びます。クローブやシナモンの香りが、何百年も前のヨーロッパを偲ばせるように……。

　中でもウィーンは大人の雰囲気の漂ったシックなクリスマスです。心なしかイルミネーションの輝きまで品格に満ちた、伝統を引き継ぎながら今を生きている確固たるスタイルを感じさせてくれます。そんな伝統に培われた品格を受け継ぎつつ、現代のスタイルにもあった装飾品を作りたくて「マインシュティール」（ドイツ語の意味は「私のスタイル」）を立ち上げました。

　この本のために、誕生花のコサージュと花言葉を考えてみました。その花のイメージを想い浮かべ、ご自分に、又、プレゼントに、と使って頂けたら嬉しいです。

　この工芸の楽しさが多くの方々に伝わります様にとの願いを込めて春夏秋冬に合わせた香りのギフトも提案しています。

　是非ご一緒にハプスブルク家の栄華の時代に思いを馳せ、スパイスの香りに癒されながら、マインシュティールを作ってみましょう。

Table of Contents
目次

はじめに　　　　　　　　　　　　　　　　3
マインシュティールの起源　　　　　　　　6
インスブルックで作った作品　　　　　　　8

～～～～～～～～～～～

作品紹介

春のコサージュ　　　　　10
春のギフト　　　　　　　12

夏のコサージュ　　　　　14
夏のギフト　　　　　　　16

秋のコサージュ　　　　　18
秋のギフト　　　　　　　20

冬のコサージュ　　　　　22
冬のギフト　　　　　　　24

レインボー・リース　　　26

～～～～～～～～～～～

作品の作り方

レインボー・リース　　　　　　　　　　　27

春　「3月／桜のコサージュ」　　　　　　　30
　　「4月／忘れな草のコサージュ」　　　　31
　　「5月／ライラックのコサージュ」　　　32
　　12頁の作品「シナモンのテーブル飾り」　33
　　13頁の作品「馬蹄形の壁飾り」　　　　　34

夏　「6月／紫陽花のコサージュ」　　　　　35
　　「7月／百合のコサージュ」　　　　　　36
　　「8月／ガーベラのコサージュ」　　　　37
　　16頁の作品「印鑑入れ」　　　　　　　　38

	16頁の作品「ハートの壁飾り」	39
秋	「9月／秋桜のコサージュ」	40
	「10月／薔薇のコサージュ」	41
	「11月／サンダーソニアのコサージュ」	42
	20頁の作品「クローブの吊り下げ飾り」	43
	20頁の作品「壁飾り」	44
冬	「12月／クリスマス・ローズのコサージュ」	45
	「1月／カトレアのコサージュ」	46
	「2月／エーデルワイスのコサージュ」	47
	24頁の作品「ポットアレンジ」	48
	25頁の作品「キャンドル立て」	49

~~~~~~~~~~~

用具と材料

この本で紹介した香りのある自然素材とその他の木の実 — 50
－コラム－　「森や公園へ行ってみましょう」 — 53
この本で使う植物以外の材料と道具 — 56
－コラム－　「輸入雑貨店へ行ってみましょう」 — 58

~~~~~~~~~~~

基本のワイヤリング — 60
四季の色合い — 68

道具／材料取扱い店リスト — 76
教室リスト — 77

おわりに — 78
著者紹介 — 79

マインシュティール
Mein Stil の起源
Origin of Mein Stil

アルプスの山々に囲まれた静かな街、オーストリアのインスブルックがマインシュティールの故郷です。この、マリア・テレジアやハプスブルク家ゆかりの地にお住まいの先生にスパイス装飾の技法を教えていただきました。

中世の面影を残し、素朴でやさしい雰囲気を持った街並みは、訪れる人々を癒してくれるようです。

店頭に飾られたリース

インスブルックの街並み

AUSTRIA

　歴史を感じさせる建物が並ぶウィーンの街のまん中に立てられた大きなアドベントクランツ(写真左)。リースの上に4本のキャンドルが立っているものです。クリスマスの4週間前より1本ずつ点灯していき、クリスマスには4本のキャンドルが灯ります。下の写真は12月4日に撮影したので巨大キャンドル1本に点灯されています。

インスブルックで作った作品
Works done in Innsbruck

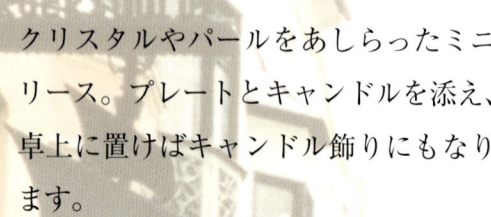

クリスタルやパールをあしらったミニリース。プレートとキャンドルを添え、卓上に置けばキャンドル飾りにもなります。
（縦17cm×横10cm）

クリスタルのブリオンフラワーが美しいオーナメント。一つで飾っても、ツリーに吊り下げても素敵です。
（縦14cm×横10cm×奥行き6cm）

ジンジャー、シナモン、モス、フェイクアップル、布花などを組み込んだリース。少し抑えたクリスマスカラーです。
（直径23cm）

Mein Stil の起源
Origin of Mein Stil

白のパールがさわやかなイメージを醸し出しています。ジンジャー、シナモン、モスを組み込んだ、木の葉の形をした壁飾りです。
(縦22cm×横9cm)

木の葉の形をした壁飾りです。この地方のスパイス飾りで、よく見られる形です。スパイスの他、アーモンドやナッツが入っています。
(縦20cm×横8cm)

チロル地方で、花嫁さんが持ったと言われるスパイスのブーケ。ヘーゼルナッツ、アンバーバーム、カラマツなどの木の実も入っています。
(直径15cm×高さ23cm)

バック：伝統工芸が培われたインスブルックの街並み

春の誕生花3種

桜
花言葉：たくさんの人に
　　　　囲まれて幸せ

3月／桜のコサージュ
作り方　30頁

忘れな草
花言葉：真実の恋に生きて

4月／忘れな草のコサージュ
作り方　31頁

ライラック
花言葉：澄んだ青い空に
　　　　向かって

5月／ライラックのコサージュ
作り方　32頁

実物は写真の約90％の大きさです

春のギフト

サシェ
縦37cm×横10cm
参考作品

シナモンのテーブル飾り
横30cm×奥行き13cm×高さ6cm
作り方　33頁

壁飾り
縦16cm×横27cm
参考作品

馬蹄形の壁飾り
縦30cm×横11cm
作り方 34頁

バック：ザルツブルクにあるミラベル庭園

夏の誕生花3種

紫陽花(あじさい)

花言葉：あなた色に染まります

6月／紫陽花のコサージュ
作り方　35頁

百合(ゆり)
花言葉：純白に包まれて

7月／百合のコサージュ
作り方 36頁

ガーベラ
花言葉：元気に可愛く

8月／ガーベラのコサージュ
作り方 37頁

実物は写真とほぼ同じ大きさです

夏のギフト

ハートの壁飾り
縦35cm×横7cm
作り方　39頁

ペンスタンド
横13cm×奥行き10cm×高さ16cm
参考作品

印鑑入れ
横10.5cm×奥行き9cm×高さ8.5cm
作り方　38頁

星の飾り
直径9cm×長さ20cm
参考作品

ブルーリース
直径29cm×長さ50cm
参考作品

バック：ザルツァッハ川よりザルツブルクの市街を望む

秋の誕生花3種

コスモス
秋桜
花言葉：しなやかに

9月／秋桜のコサージュ
作り方　40頁

薔薇(ばら)
花言葉：美しい人

10月／薔薇のコサージュ
作り方　41頁

サンダーソニア
花言葉：可愛く、楚々として

11月／サンダーソニアのコサージュ
作り方　42頁

実物は写真の約104％の大きさです

秋のギフト

クローブの吊り下げ飾り
横11cm×奥行き8cm×高さ16cm
作り方　43頁

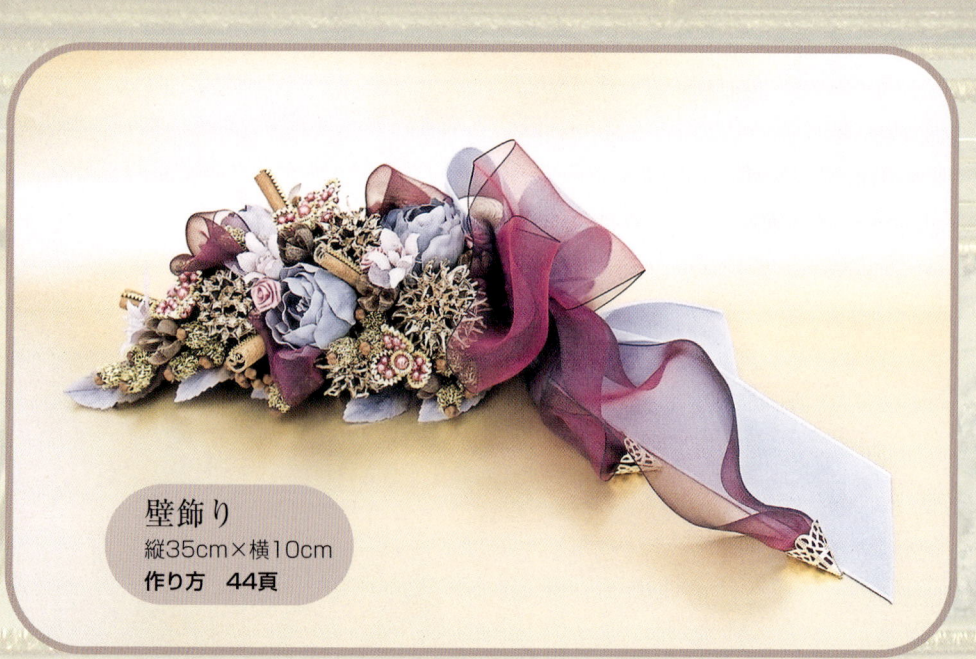

壁飾り
縦35cm×横10cm
作り方　44頁

額飾り
縦33cm×横17.5cm
参考作品

秋色ブーケ
縦27cm×横18cm×奥行き14cm
参考作品

バック：ウィーン造形美術アカデミーの天井

冬の誕生花 3 種

クリスマス・ローズ
花言葉：控えめな美しさ

12月／クリスマス・ローズのコサージュ
作り方　45頁

カトレア
花言葉：優雅

1月／カトレアのコサージュ
作り方　46頁

エーデルワイス
花言葉：気高さ

2月／エーデルワイスのコサージュ
作り方　47頁

実物は写真の約107％の大きさです

冬のギフト

写真立て
縦11cm×横11cm×奥行き6cm
参考作品

ポットアレンジ
直径12cm×高さ13cm
作り方　48頁

キャンドル立て
直径13cm×高さ21cm
作り方　49頁

バスケットアレンジ
横16cm×奥行き13cm×高さ18cm
参考作品

バック：オーストリア応用美術館

レインボー・リース

直径22cm

作り方

材料（56頁掲載の物以外）
- クローブ 9個
- シナモン 2cm 1個
- バクリ 3個
- パール（白）3mm 8個、（ゴールド、以降はGo）10mmと6mm 各1個
- クリスタル（シャム）10mmと6mm 各1個
- アートフラワー（花）3個、（緑の実）3個、（リーフ）3枚
- リボン 25cm

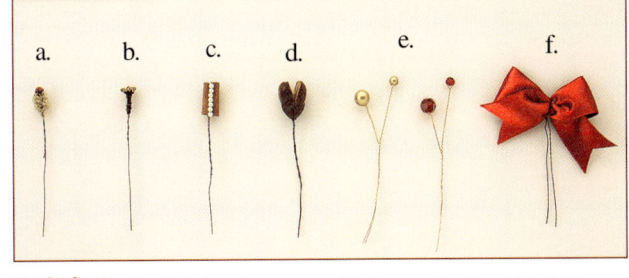

用意するパーツ（60頁～67頁の「基本のワイヤリング」参照）
クローブ（a. 60頁の② 6本、b. 60頁の③ 3本）／c. シナモン（62頁の① 1本）／d. バクリ（63頁 3本）／e. パールの飾り・クリスタルの飾り（64頁の② 各1本）／f. リボン（66頁の① 1本）

赤の飾り

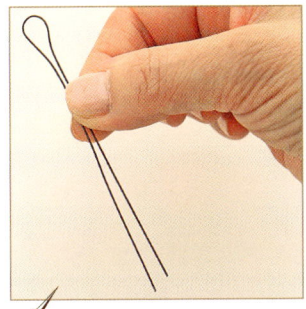

1 #24ワイヤーをヘアピン状に折る。

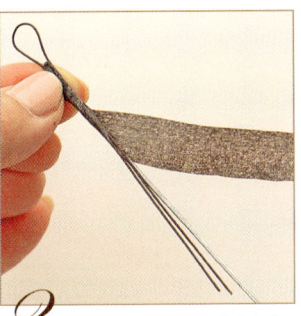

2 #18ワイヤーを添えて茶テープを巻き、芯を作る。

3 芯の上にリーフを乗せ、茶ワイヤーを巻く。

4 長さ30cm位の茶テープを茶ワイヤーを隠す様に巻く。

5 リーフに花を乗せて、茶ワイヤー、茶テープの順に巻付けていく。

6 パーツを木の葉型に配置しながら茶ワイヤーと茶テープで組む。

7 組み終わったら、茶ワイヤーを巻き下ろし、ステムを4cm位で切る。

8 ステムに茶テープを巻き、リボンを結び付ける。

9 長さは約12cm。

作り方

＊他の色の飾りも、作り方は、「赤の飾り」と同じです。

橙の飾り

材料（56頁掲載の物以外）
- クローブ 9個
- スターアニス 1個
- カシュリナ 5個
- パール（白）6mm 1個、(Go) 10mmと6mm 各1個
- クリスタル（レッドトパーズ）10mmと6mm 各1個
- アートフラワー（花）3個、（緑の実）3個、（リーフ）3枚
- リボン 25cm

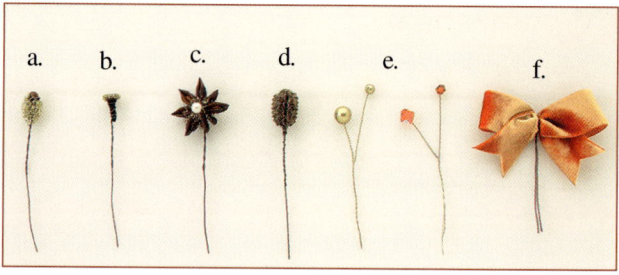

用意するパーツ（60頁〜67頁の「基本のワイヤリング」参照）

a. b. クローブ、e. パールの飾り・クリスタルの飾り、f. リボン（赤の飾りと同じ数とワイヤリング）／c. スターアニス（61頁の③ 1本）／d. カシュリナ（63頁 5本）

黄の飾り

材料（56頁掲載の物以外）
- クローブ 9個
- シナモン 2cm 1個
- ヤシャブシミニ 5個
- パール（白）3mm 8個、8mmと6mm 各1個、(Go) 10mmと6mm 各1個
- アートフラワー（花）5個、（緑の実）3個、（リーフ）3枚
- リボン 25cm

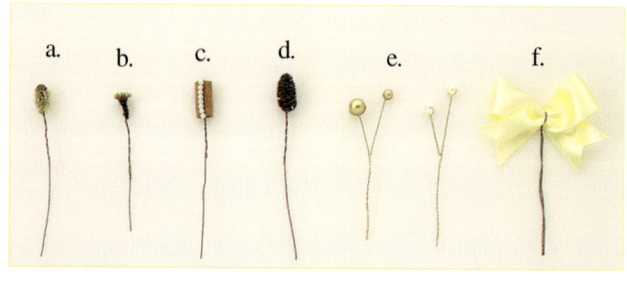

用意するパーツ（60頁〜67頁の「基本のワイヤリング」参照）

a. b. クローブ、c. シナモン、e. パールの飾り、f. リボン（赤の飾りと同じ数とワイヤリング）／d. ヤシャブシミニ（63頁 5本）

緑の飾り

材料（56頁掲載の物以外）
- クローブ 9個
- シナモン 2cm 1個
- バクリミニ 3個
- パール（白）3mm 8個、(Go) 10mmと6mm 各1個
- クリスタル（エメラルド）ハート型 1個
- アートフラワー（花）3個、（緑の実）3個、（リーフ）3枚
- リボン 25cm

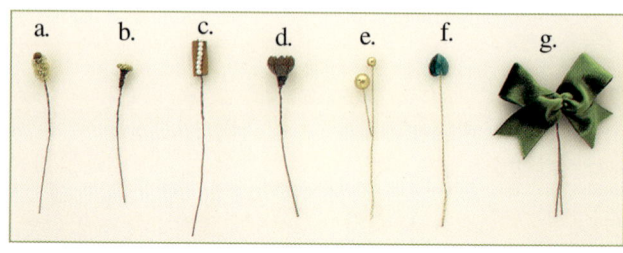

用意するパーツ（60頁〜67頁の「基本のワイヤリング」参照）

a. b. クローブ、c. シナモン、e. パールの飾り、g. リボン（赤の飾りと同じ数とワイヤリング）／d. バクリミニ（63頁 5本）／f. クリスタルの飾り（64頁の中心のパールと同じワイヤリング ハート型クリスタル 1コ 1本）

青の飾り

材料（56頁掲載の物以外）
- クローブ 9個
- スターアニス 1個
- ヒノキ 5個
- パール（白）6mm 1個、(Go) 10mmと6mm 各1個
- クリスタル（アクアマリン）10mmと6mm 各1個
- アートフラワー（花）3個、（緑の実）3個、（リーフ）3枚
- リボン 25cm

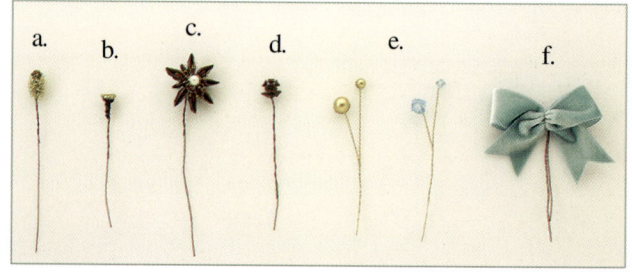

用意するパーツ（60頁〜67頁の「基本のワイヤリング」参照）

a. b. クローブ、e. パールの飾り・クリスタルの飾り、f. リボン（赤の飾りと同じ数とワイヤリング）／c. スターアニス（61頁の③ 1本）／d. ヒノキ（63頁 5本）

作り方

材料（56頁掲載の物以外）
- クローブ 9個
- シナモン 2cm 1個
- タマラックコーン 5個
- パール（白）3mm 8個、(Go) 10mmと6mm 各1個
- クリスタル（コバルト）6mm 2個
- アートフラワー（花）4個、（つぼみ）3個、（緑の実）3個
- リーフ 3枚
- リボン 25cm

材料（56頁掲載の物以外）
- クローブ 9個
- シナモン 2cm 1個
- ブナ 3個
- パール（白）3mm 8個、(Go) 10mmと6mm 各1個
- クリスタル（バイオレット）8mmと6mm 各1個
- アートフラワー（花）3個、（緑の実）3個、（リーフ）3枚
- リボン 25cm

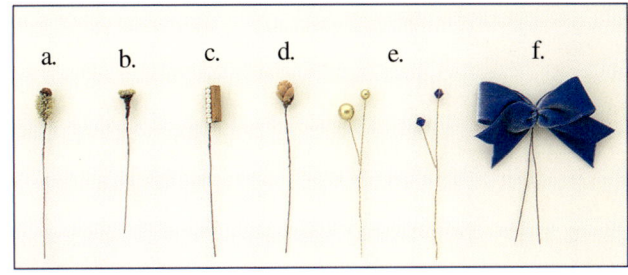

用意するパーツ（60頁〜67頁の「基本のワイヤリング」参照）
a. b. クローブ、c. シナモン、e. パールの飾り・クリスタルの飾り、f. リボン（赤の飾りと同じ数とワイヤリング）／d. タマラックコーン（63頁 5本）

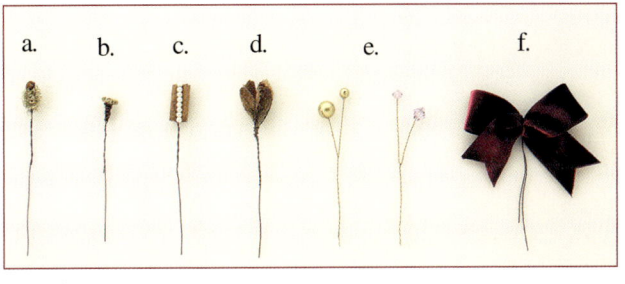

用意するパーツ（60頁〜67頁の「基本のワイヤリング」参照）
a. b. クローブ、c. シナモン、e. パールの飾り・クリスタルの飾り、f. リボン（赤の飾りと同じ数とワイヤリング）／d. ブナ（63頁 3本）

藍の飾り

紫の飾り

7つの飾りをつなげてリースにしましょう

1 58cmの長さの#18ワイヤー2本を合わせて、茶テープを巻く。

2 両端を7cm重ね、その部分に茶テープを巻き、きれいな輪を作る。

3 赤の飾りを弓形に曲げ、#24ワイヤーで2カ所、輪に結び付ける。

4 全体。

5 同様に橙、黄、緑、青、藍、紫の順に、赤の後ろに結び付ける。

10頁「3月/桜のコサージュ」の作り方

材料（56頁掲載の物以外）
- クローブ 12個
- コノテヒバ 3個
- クリスタル（ローズ）10mm 1個、3mm 4個、しずく 2個
- アートフラワー（花びら）3枚
- ブローチピン 1個

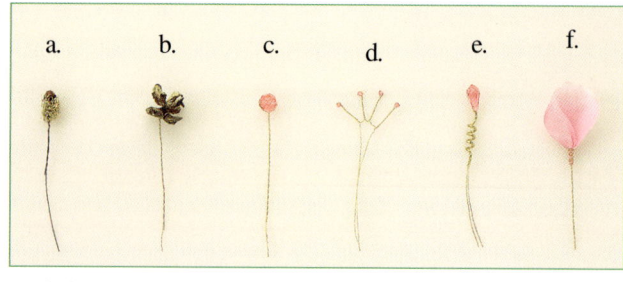

用意するパーツ　a. クローブ（60頁の②）12本）/ b. Goのスプレー掛けコノテヒバ（63頁 3本）/ c. 中心のクリスタル（64頁 10mm 1本）/ d. 雄しべ（64頁の③の応用 3mm 4個 1本）/ e. クリスタルのしずく（64頁 2本）/ f. 花びら（67頁 3枚）

1 引き伸ばしたドラート5.5cmで花びらを10枚作る（65頁の③）。

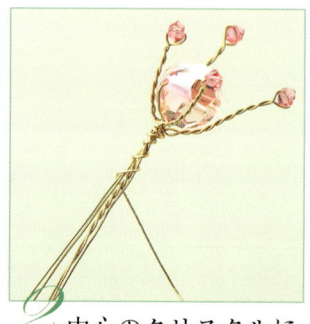

2 中心のクリスタルに雄しべを添え、Goワイヤーで束ねる。

3 花びらを5枚添え、続けて束ね、Goワイヤーを巻き下ろし、切る。

4 3に肌テープを巻きブリオンフラワー（65頁の②の応用）を作る。

5 残りの花びらの内、4枚は2枚ずつ捩じって束にする。

6 クローブは3個、4個、5個ずつに段を付けて捩じり、束にする。

7 4を折り、そこを中心に全てのパーツをGoワイヤーで束ねる。

8 少し反らせ、弓形の状態で束ねたら、ステムを切り肌テープを巻く。

裏側

9 ピンの穴にGoワイヤーを挿し、ステムに巻き、更に肌テープで巻く。

11頁「4月／忘れな草のコサージュ」の作り方

材料（56頁掲載の物以外）
- クローブ 10個
- ヒノキ 8個
- クリスタル（LTサファイア）花形10mm 6個、（シトリン）4mm 6個、（クリスタルAB）3mm 6個
- アートフラワー（花）3個
- リボン 8cm 3本、11cm 2本
- ブローチピン 1個

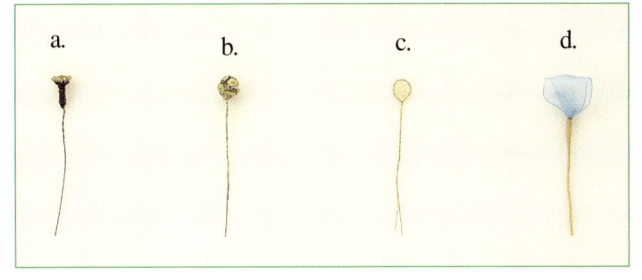

用意するパーツ a. クローブ（60頁の③）10本／b. Goのスプレー掛けヒノキ（63頁 8本、スプレーの掛け方は下の1を参照して下さい）／c. ブリオンフラワーの花びら（65頁の②）15枚／d. リボンループ（67頁のリボンループ① 8cm 3本、11cm 2本）

1 換気に注意し、Goスプレーを掛ける。素材と噴射口は10cm位離す。

2 乾いたら、段違いにして2つずつ捻じって束にしておく。

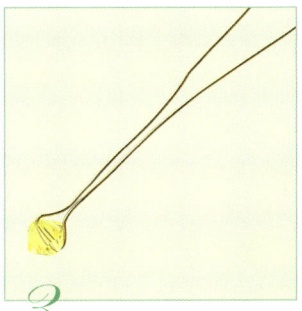

3 シトリンのクリスタルにGoワイヤーを通す。

4 3のGoワイヤー2本を、花形クリスタルに通し、1本（5に続く）

5 には、更に3mmのクリスタルを通し、合わせて捻じる。6本作る。

6 伸ばしたGoドラート3.5cmで、c.の花びらを15枚作る。

7 5を中心に、6を5枚添え、フラワー3本を作り、肌テープを巻く。

8 前頁の「桜のコサージュ」7、8、9を参照して作り上げる。

9 ピンをGoワイヤーでステムに取り付けた後、肌テープを巻く。

11頁「5月／ライラックのコサージュ」の作り方

材料（56頁掲載の物以外）
- クローブ 9個
- コーヒー豆 10個
- ヤシャブシミニ 3個
- パール（バイオレット）3mm 79個、4mm 2個
- クリスタル（バイオレット）6mm 3個
- リボン 13cm 3本、30cm 1本
- ブローチピン 1個

用意するパーツ a. クローブブッシュ（3個）（60頁の④ 3束）／b. コーヒー豆（61頁 5本）／c. ヤシャブシミニ（63頁 3本）／d. 中心のパール（64頁 4mmバイオレット 2本）／e. リボンループ（67頁の② 13cm 3本）／f. リボン（66頁の① 30cm 1本）

1 クリスタルにGoワイヤーを通して、2回位捩じる。3本作る。

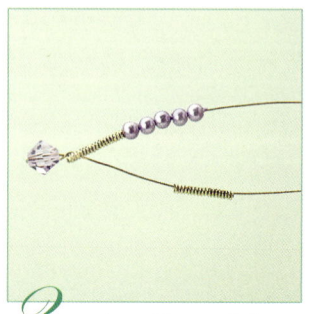

2 2本のGoワイヤー各々に、1.5mmブリオン 1cmと、（3に続く）

3 3mmのパール5個を入れ、合わせて捩じり、細ブリオンを掛ける。

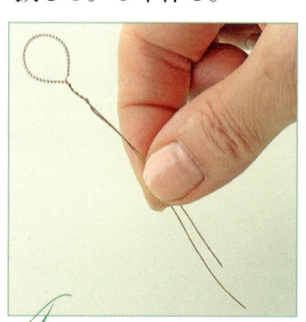

4 伸ばしたSiドラート4cmにGoワイヤーを通し輪にする。

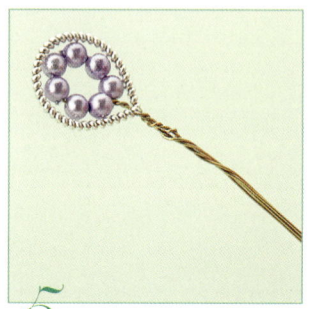

5 3mmのパール7個にGoワイヤーを通して輪にし、4の中に入れる。

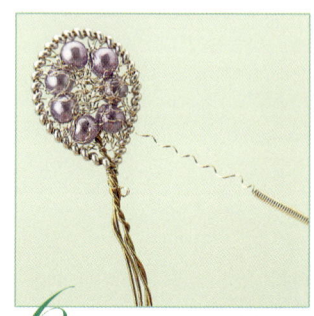

6 細ブリオンを巻付けて花びらを作る。7枚作る。

7 d.を中心とし、6を4枚で花、3枚で蕾を作り肌テープを巻く。

8 30頁「桜のコサージュ」7、8を参照し作り上げる。f.も取り付ける。

9 取り付けたピンを隠すように、肌テープを巻いたところ。

12頁「シナモンのテーブル飾り」の作り方

材料（56頁掲載の物以外）
・クローブ 12個
・シナモン 20cm 2本
・パール（白）6mm 6個、4mm 18個
・アートフラワー（花）1個、（リーフ）大3枚、（ルスカス）2本
・リボン（オーガンジー）70cm、30cm 各1本、（サテン）85cm、23cm 各1本

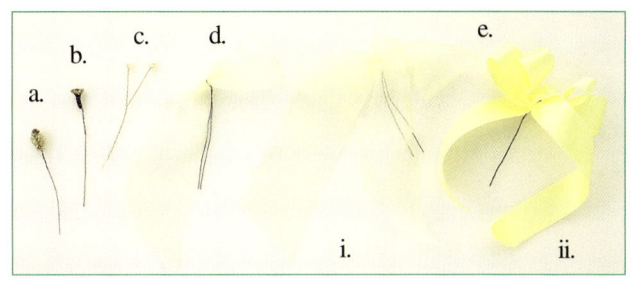

用意するパーツ クローブ（a. 60頁の② 6本、b. 60頁の③ 6本）／c. パールの飾り（64頁の② 6mm 3本）／d. リボンループ（67頁のリボンループ③ オーガンジー 30cm 1本）／e. リボン（66頁の② i. 2ループ オーガンジー 70cm、ii. 4ループ サテン 85cm 各1本）

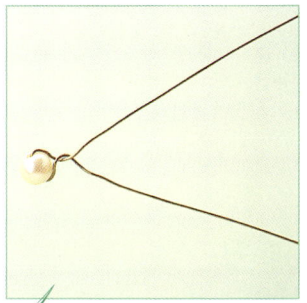

1 4mmのパールにGoワイヤーを通し、2回位捻じる。

2 両方のワイヤーにGoブリオン4cmを通し、捻じる。

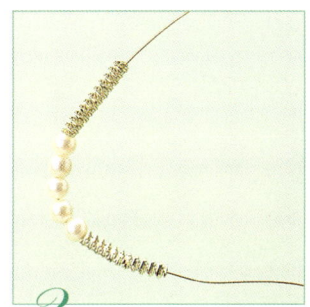

3 GoワイヤーにGoブリオン1.5cm 2個と4mmのパール5個を通す。

4 3のワイヤーを捻じり、2の中に入れてブリオンリーフ3枚を作る。

5 花の付け根を直角に折り、パーツを茶ワイヤーで束ねる。

6 上にリボン i. 下に ii. とd.を付け、ステムを切り、茶テープを巻く。

7 鋸で20cmに切ったシナモンを#24ワイヤーで、ずらして止める。

8 6のステムを2カ所、#24ワイヤーで7に固定する。

9 裏のシナモン上部のワイヤーを隠す様にリボン23cmをボンドで貼る。

33

13頁「馬蹄形の壁飾り」の作り方

材料（56頁掲載の物以外）
- クローブ 20個
- シナモン 2cm 1個
- パール（白）3mm 7個、6mm 1個
- スターアニス 1個
- アートフラワー（黄ローズ）4個、（実）4個
- リボン（オーガンジー 50cm、（ブレード）48cm、（吊り下げ用リボン）30cm

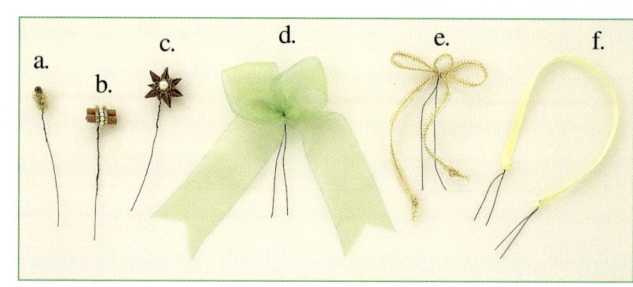

用意するパーツ a. クローブ（60頁の② 20本）／b. シナモン（62頁の③ 1本）／c. スターアニス（61頁の③ 1本）／d. リボン（66頁の① 1本）／e. ブレード（66頁の② 1本）／f. 吊り下げリボン（67頁 1本）

1 #24ワイヤーをヘアピン状に。2本足して茶テープを巻き、芯を作る。

2 クローブを芯の上に乗せ、茶ワイヤーで巻いて固定する。

3 茶テープ30cm位を茶ワイヤーを隠す様に巻き付ける。

4 a.10本、実、花2本、b.の順に、茶ワイヤーと茶テープで巻いていく。

5 ステムを6cmの長さに切り、そのまま茶テープを巻き下ろす。

6 4と対の物を、シナモンの代わりにスターアニスを使って作る。

7 4と5で馬蹄形を作り、ステムを、#24ワイヤーで2カ所結ぶ。

8 7の下中央にd.とe.を付ける。端をd.はV字形に切り、e.は結ぶ。

9 f.を、芯のヘアピン状の部分に結び付ける。

14頁「6月／紫陽花のコサージュ」の作り方

材料（56頁掲載の物以外）
- クローブ 7個
- バクリ 4個
- クリスタル（サファイア）4mm 15個、10mmの花形 3個
- リボン 40cm 1本、90cm 1本
- ブローチピン 1個

用意するパーツ　a. クローブ（60頁の③ 7本）／b. バクリ（63頁 4本）／c. 中心のクリスタル（64頁 4mm 5本）／クリスタルの飾り（64頁の応用 d. 4mm 5個 2本、e. 10mm 3個 1本）／f. 3ループのリボンループ（67頁の②の応用 40cm 1本）／g. 6ループのリボン（66頁の②の応用 1本）

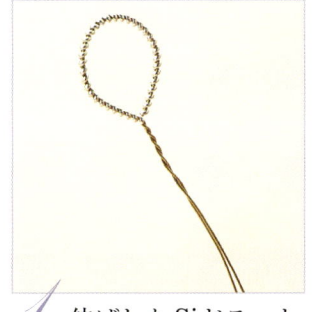

1 伸ばしたSiドラート4cmにGoワイヤーを通し、捩じって輪にする。

2 先を指でつまんで尖らせ、細ブリオンを掛けた花びらを、20枚作る。

3 c.を中心にし、2を4枚添えてGoワイヤーで束ね、茶テープを巻く。

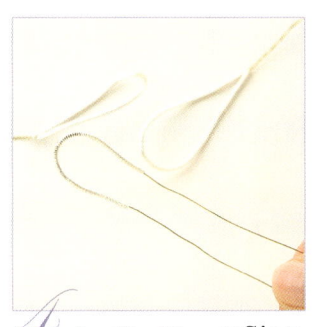

4 7、10、12cmのSi1.5mmブリオン各々にGoワイヤーを通し捩じる。

5 a.とd.をまとめてa.の高さ3cmにGoワイヤーを巻き、折り曲げる。

6 5の周りに、3とb.を配置し、束ねていく。

7 6にe. f.と4を束ねる。

8 7にg.を取り付け、ステムを切り、茶テープを巻く。

9 ピンの穴にGoワイヤーを通し、ステムに取り付け、茶テープを巻く。

15頁「7月／百合のコサージュ」の作り方

材料（56頁掲載の物以外）
- クローブ 8個
- ブナ 7個
- パール（白）3mm 262個、(Go) 楕円 3個
- ブローチピン 1個

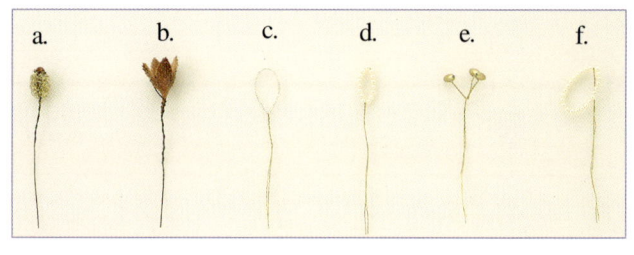

用意するパーツ a. クローブ（60頁の② 8本）／b. ブナ（63頁 7本）／ブリオンフラワー（65頁の② c. Siドラート 6cm、7cm 各3本、d. パール15個、17個 各3本）／e. パールの飾り（64頁の③の応用 楕円 3個 1本）／f. パールの輪（64頁の①の応用 62個、41個、39個、24個 各1本）

1 ブナにGoスプレーを掛け、乾かす。

2 Siドラート6cmのc. 3枚の先をつまんで尖らせる。

3 2にパール15個のd. を入れ、細ブリオンを掛ける。

4 Siドラート7cmのc. 3枚は3と同様にパール17個のd.で花びらにする。

5 e.の周りに3と4を添え、ブリオンフラワー（65頁参照）を作る。

6 a.は2コずつ捩じってまとめ、f.は、62個、39個、24個をまとめる。

7 5を折り、そこを中心に、1と6をGoワイヤーで束ねる。横側

8 ステムを2cm位で切り、肌テープを巻く。裏側

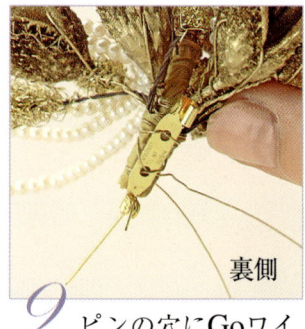

9 ピンの穴にGoワイヤーを挿し、ステムに巻き、更に肌テープを巻く。裏側

15頁「8月／ガーベラのコサージュ」の作り方

材料（56頁掲載の物以外）
- クローブ 21個
- トップハット 3個
- クリスタル（クリスタルAB）
  8mmの花形 3個、12mm
  1個、4mm 5個
- リボン 15cm 3本
- ブローチピン 1個

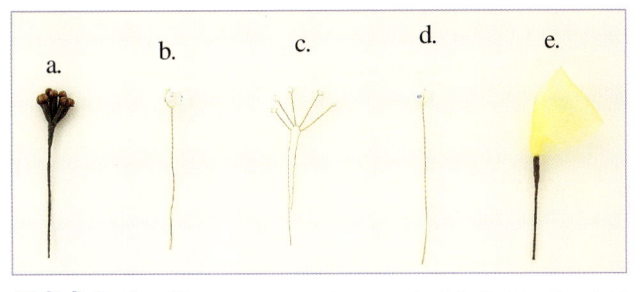

用意するパーツ　a. クローブブッシュ（7個）（60頁の④の応用 3束）／b. 中心のクリスタル（64頁 12mm 1本）／c. クリスタルの飾り（64頁の③の応用 4mm 5個 1本）／d. クリスタルの飾り（64頁の①の応用 花形 3本）／e. リボンループ（67頁の① 15cm 3本）

1 トップハットのつばにGoワイヤーを1周半掛け、細ブリオンを巻く。

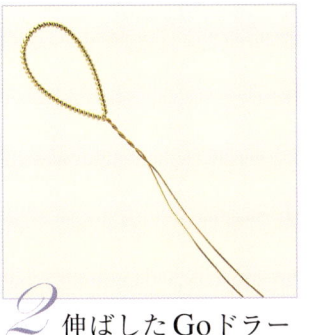

2 伸ばしたGoドラート5.5cmにワイヤーを入れ細長い輪にし、捻じる。

3 2に細ブリオンを掛け、花用に10枚、花びら用に3枚作る。

4 b.を中心にc.を周りに添え、Goワイヤーで巻き、3を10枚束ねる。

5 3とd.を一緒に捻じる。これを3本作る。

6 茶テープを巻いた4を折り、曲げたところにGoワイヤーを巻く。

7 花の周りにa.と1を3つずつ配置し、Goワイヤーで巻く。

8 残りのパーツを束ね、ステムを2cm位で切り、茶テープを巻く。

9 ブローチピンをGoワイヤーで留め、上から更に茶テープを巻く。

37

16頁「印鑑入れ」の作り方

材料（56頁掲載の物以外）
- クローブ 22個
- シナモン 1cm 4個
- パール（白）4mm 3個、（ブルー）4mm 6個
- アートフラワー（ローズ）8個、（ムスカリ）14個、（リーフ）小8枚
- 印鑑入れ 1個
- 塗料（青銅、茶）適量
- やすり
- ブレード 41cm

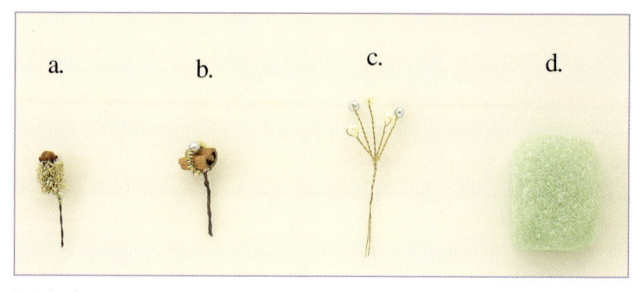

用意するパーツ a. クローブ（60頁の②の応用 GoとSiのブリオンを同時に巻付けたもの 22本）／b. シナモン（62頁の② ブルーのパール 4本）／c. パールの飾り（64頁の③ 白3個、ブルー2コ 1本）／d. 面取りしたスタイロ（4cm×3cm×1.5cm 1個）

1 印鑑入れにやすりを掛け、青銅色の塗料を全面に塗る。

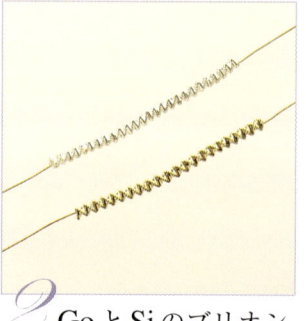

2 GoとSiのブリオンを4cmに切り、それぞれにGoワイヤーを通す。

3 2を合わせて捩じる。

4 3を輪にし、先をつまんで尖らせる。これを5枚作る。

5 c.の周りに、4を配置し、Goワイヤーで束ね、茶テープを巻く。

6 d.に茶色の塗料を塗り、蓋の中心にボンドで貼る。

7 5のステムを1cm位に切り、ボンドを付け、6に挿し込む。

8 リーフ8枚とクローブ8個にボンドを付け、6の横側周囲に挿す。

9 ドーム型に挿し終わったら蓋の横側周囲にボンドでブレードを貼る。

16頁「ハートの壁飾り」の作り方

材料（56頁掲載の物以外）
- クローブ 15個
- シナモン 1.5cm（ブリオン 2.5cm）3個
- スターアニス 1個
- パール（白）4mm 6個
- アートフラワー（花）2個、（巻きローズ）6個、（リーフ）小7枚
- リボン（別珍）36cm、（サテン細）55cm
- ブレードを輪郭に貼ったアクリルのハート 1個

用意するパーツ　a. クローブ（60頁の②　9本）／b. ブリオンの輪（60頁の③　6本）／c. ブリオン1周シナモン（62頁の②応用　3本）／d. スターアニス（61頁の②　1本）／e. パール（64頁の②　3本）／f. リボン（66頁の③　36cm 1本）／g. 吊り下げリボン（67頁　1本）

1 丸ブリオン4cmにGoワイヤーを通し、輪にした物を3本作る。

2 #24ワイヤーに、緑テープを巻きヘアピン状に折る。

3 #24ワイヤーを2本添えて緑テープを巻く。

4 3を芯にして、リーフとa.を乗せ、緑ワイヤーで束ねる。

5 緑テープを30cm位に切り、緑ワイヤーを隠すように4に巻付ける。

6 パーツを木の葉型になる様に束ねていく。

7 横側も段々に高くなる様束ね、ステム3cm位で切り、緑テープを巻く。

8 アクリルハートの穴と芯の輪にサテンリボン（15cm）を通し、結ぶ。

9 ステムにg.を結び付け、f.を上から付ける。

18頁「9月／秋桜のコサージュ」の作り方

材料（56頁掲載の物以外）
- クローブ 18個
- スターアニス 3個
- クリスタル（フィッシャー）ハート 1個、8mmと5mm 各1個、6mm 3個、4mm 8個
- リボン 35cm
- ブローチピン 1個

用意するパーツ a. クローブ（60頁の③ 18本）／b. スターアニス（61頁の③ 6mm 3本）／c. 中心のクリスタル（64頁の中心のパールの応用 ハート 1本）／クリスタルの飾り（d. 64頁の②の応用 8mmと5mm 1本、e. f. 64頁の③の応用 4mm 5個 1本、3個 1本）／g. リボン（66頁の③ 1本）

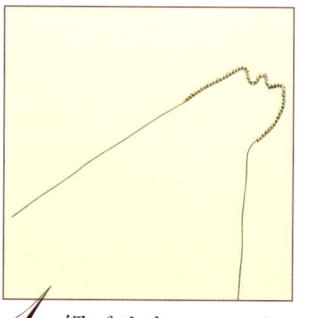

1 細ブリオン4cmにGoワイヤーを入れ65頁の③の応用を8枚作る。

2 e.を中心として1を5枚添え、Go糸巻でまとめ、茶テープを巻く。

3 f.を中心として1を3枚添え、2と同様にして、秋桜の蕾を作る。

4 a.は2つずつ並べて捩じってまとめておく。

5 #24ワイヤーをヘアピン状にし、もう2本と合わせ茶テープで巻く。

6 5を芯にしてパーツを乗せ、茶糸巻と茶テープで組んでいく。

7 組んだ所は曲げながら芯で輪を形作り、リースにする。

8 裏側 6cmでステムを切り2カ所を#24ワイヤーで芯の輪に留め付ける。

9 裏側 g.を付け秋桜の花の裏にピンをGoワイヤーで付け、茶テープを巻く。

19頁「10月／薔薇のコサージュ」の作り方

材料（56頁掲載の物以外）
- クローブ 9個
- バクリミニ 3個
- パール（モーブ）12mm 2個、8mm 4個
- アートフラワー（ローズ）1輪、（リーフ）3枚
- リボン 32cm
- ブローチピン 1個

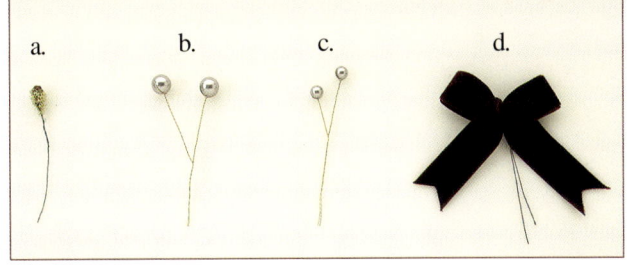

用意するパーツ a. クローブ（60頁の②）9本）／パールの飾り（64頁の② b. 12mm 1本、c. 8mm 2本）／d. リボン（66頁の① 1本）

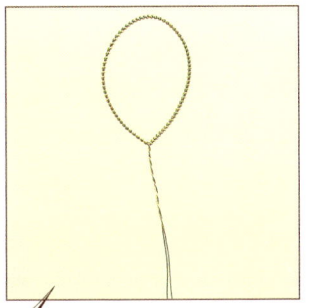

1 伸ばしたGoドラート9cmにGoワイヤーを入れ輪にする。3枚作る。

2 Go細ブリオンを掛け、ドラートの上のブリオンを指で押さえる。

3 同様にドラート11cmの花びらも3枚作り、波打たせる。

4 1.5mmブリオン4cmに#26ワイヤーを通して竹串に巻き、ら旋にする。

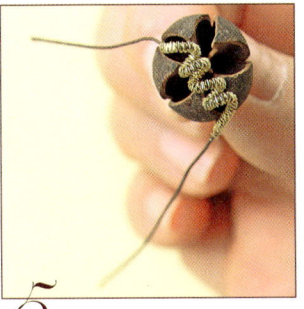

5 4をバクリミニにまたがらせる様にしてワイヤリングする。

6 ローズを折り曲げ、花びらの間に2と3を挟みGoワイヤーで束ねる。

7 パーツを束ねたら、ステムを2cmで切り、肌テープを巻く。

8 d. をステムの根元に取り付ける。

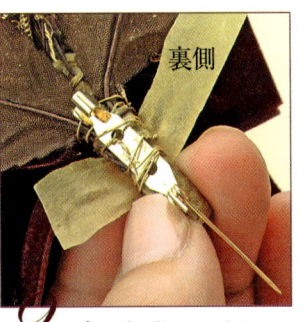

9 ピンをGoワイヤーで留め、更に、上から肌テープを巻く。

41

19頁「11月／サンダーソニアのコサージュ」の作り方

材料（56頁掲載の物以外）
- クローブ 6個
- タマラックコーン 8個
- シナモン 2cm 2個
- パール（Go）3mm 21個、（ハニー）8mm 3個
- クリスタル（トパーズ）しずく 5個、4mm 30個
- キャップ 5個
- リボン 7cm 3本、50cm 1本
- ブローチピン 1個

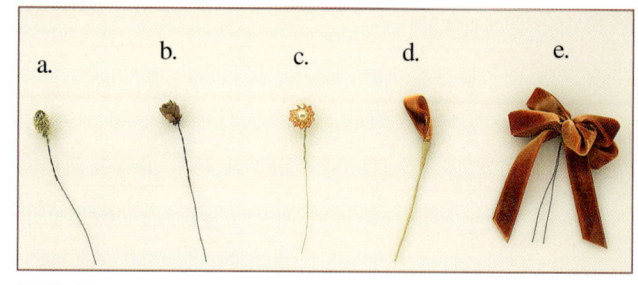

用意するパーツ a. クローブ（60頁の② 6本）／b. タマラックコーン（63頁 8本）／c. パールフラワー（64頁の応用 ハニー 1個、4mmトパーズ 10個 3本）／d. リボンループ（67頁の① 7cm 3本）／e. リボン（66頁の③の応用 50cm 1本）

1 しずくクリスタルにGoワイヤーを通し、キャップの穴に、2本通す。

2 3mmのGoパールに1のワイヤー1本を通し捩じる。5本作る。

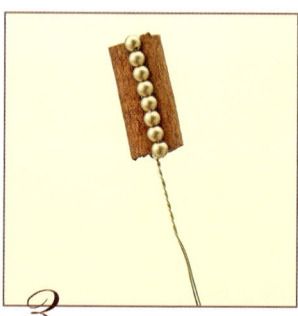

3 62頁の①のシナモンをGoワイヤーとGoパール8個にして2本作る。

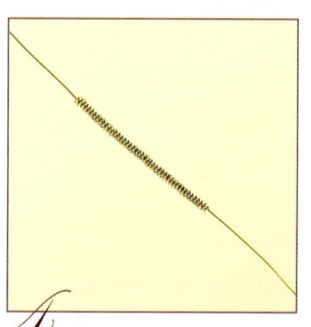

4 Goワイヤーに1.5mmブリオン2.5cmを通す。

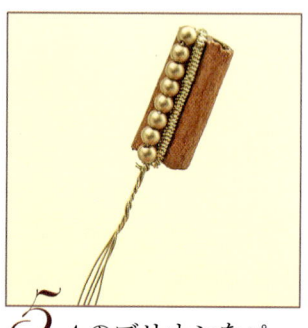

5 4のブリオンをパールの隣に並べ、同じ穴に通し、根元を捩じる。

6 c.に細ブリオンをかけ、まとめて折り曲げ、Goワイヤーで束ねる。

7 パーツを束ね終わったらステムを2cm位で切り、肌テープを巻く。

8 ステムにe.を取り付ける。

9 ブローチピンをGoワイヤーで取り付け、更に肌テープを巻く。

20頁「クローブの吊り下げ飾り」の作り方

材料（56頁掲載の物以外）
- クローブ 約250個
- 白パール 3mm 96個
- リボン 55cm 2本
- ブレード 32cm 2本、14cm 1本
- 発泡スチロール球 直径5cm 1個
- 塗料（茶）適量
- スタンド 1個

用意するパーツ a. クローブ（60頁の③ 12本）／b. クローブ（下の図2 12本）／c. 4ループのリボン（66頁の③の応用 55cm 2本）／d. ブレード（66頁の② 32cm 2本）／e. 吊り下げ（67頁 ブレード 14cm 1本）

1 発泡スチロール球に竹串を刺し、全体を、茶色の塗料で塗り乾かす。

2 60頁の③のブリオンの代わりに、パール8コでクローブを縁取る。

3 a.b.を短く切り、ボンドを付け、上部直径4cmの円内を除き、挿す。

4 a.b.をバランス良く挿したら、残り部分に目打ちで穴を空ける。

5 クローブにボンドを付け、穴を空けた所に挿し込む。

6 e.のワイヤーを1.5cmに切り、ボンドを付けて球の上部に挿し込む。

7 c.のワイヤーにボンドを付け、e.を挟んで向かい合わせに挿し込む。

8 d.のワイヤー部分にボンドを付け、空いている部分に挿し込む。

9 スタンドに吊り下げる。

43

20頁「壁飾り」の作り方

材料（56頁掲載の物以外）
・クローブ 47個 ・シナモン 2.5cm 5個 ・アンバーバーム 6個 ・バクリミニ 9個
・パール（ピンク）4mm 70個、6mm 4個
・アートフラワー（花）大 3個、中 5個、小 6個、（大リーフ）10枚
・リボン（オーガンジー）15cm 3本、80cm 1本、（グレー）85cm
・スタッドコーン 2コ

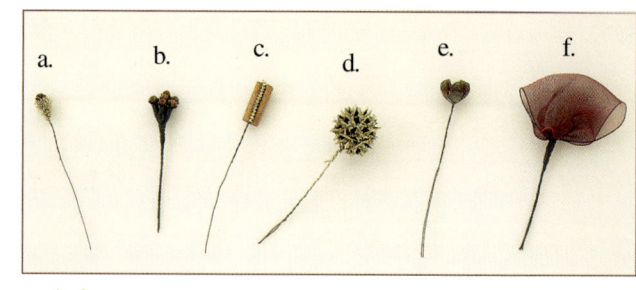

用意するパーツ クローブ（a. 60頁の② 33本、b. 60頁の④ クローブ 7個 2本）／c. シナモン（62頁の①の応用 ブリオン 5本）／d. Go スプレーしたアンバーバーム（63頁 6本）／e. バクリミニ（63頁 9本）／f. ループ（67頁の① 15cm 3本）

1 小パール5個とGoブリオン4cm各々にGoワイヤーを通し捩じる。

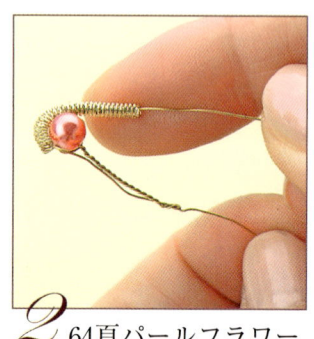

2 64頁パールフラワーを参考に丸ブリオン2cmで、大パールを縁取る。

3 2を中心に、1を5枚添え1本、3枚添え3本作り、茶テープを巻く。

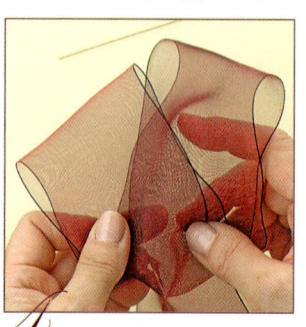

4 たれる部分に段差を付けて2ループ作り、#26ワイヤーで捩じる。

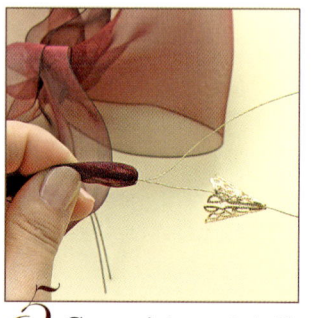

5 Goワイヤーでリボンの端を結び、1本をスタッドコーンに通し結ぶ。

6 グレーリボンは3ループ作り#24ワイヤーで捩じる。端は斜めに切る。

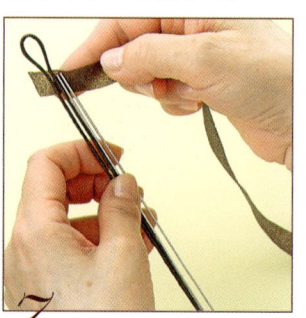

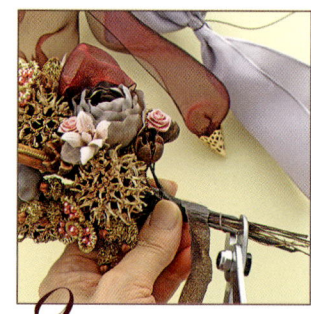

7 茶テープを#18ワイヤーに巻いて曲げ更に2本添え茶テープを巻く。

8 7を曲げながら全てのパーツを、茶ワイヤーと茶テープで組む。

9 8のステムを4cmに切り、茶テープを巻き付け、5と6を取り付ける。

22頁「**12月／クリスマス・ローズのコサージュ**」の作り方

材料（56頁掲載の物以外）
- クローブ 9個
- シナモン 1.5cm 3個
- メタセコイア 3個
- パール（白）3mm 24個
- クリスタル（シャム）10mmと6mm 各1個、3mm 5個、しずく 3個
- リボン（Go）52cm、（細）70cm
- ブローチピン 1個

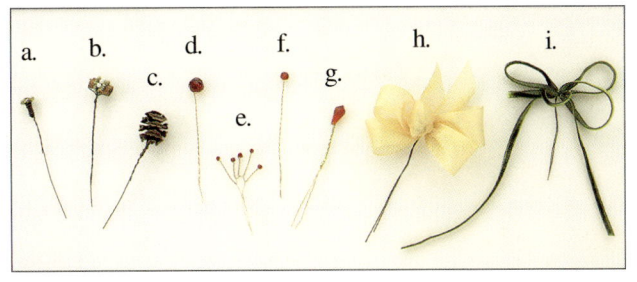

用意するパーツ　a. クローブ（60頁の③ 9本）／b. シナモン（62頁の③ 3本）／c. メタセコイア（63頁 3本）／クリスタル（64頁の応用　d. f. 10mmと6mm 各1本、g. しずく ブリオン3cm 3本、e. 3mm 5コ 1本）／h. i. 4ループのリボン（66頁の③ 各1本）

1 丸ブリオン1.5cmにGoワイヤーを通し、輪にして捩じる。

2 丸ブリオンの3cm、4.5cmも1と同様にし、3枚共、指で尖らせる。

3 2の3枚を合わせ、一緒に捩じる。これを11枚作る。

4 d.の周りにe.を添え、Goワイヤーで束ね、3を5枚配置し、束ねる。

5 f.の周りに3を3枚添え、Goワイヤーで束ね茶テープを巻く。

6 茶テープを巻いた4を折り曲げ、Goワイヤーで5と共に束ねる。

7 全てのパーツをバランスよく束ね、ステムを切り、茶テープを巻く。

8 上下を反対にして、h.とi.をバランス良くステムに付ける。

9 裏返してブローチピンをGoワイヤーで付け、茶テープを巻く。

45

23頁「1月／カトレアのコサージュ」の作り方

材料（56頁掲載の物以外）
・クローブ 9個
・ナツツバキの実 3個
・クリスタル（アンティークグリーン）八角 2個、（クリスタルAB）葉型 1個、（パシフィックオパール）5mm 4個
・リボン（サテン）9cm 3本、28cm 1本、(Si) 9cm 3本
・ブローチピン 1個

用意するパーツ　a. クローブ（60頁の②の応用 GoとSiのブリオンを同時に巻付けたもの 9本）／リボンループ（67頁の① b. Siリボン、c. サテンリボン 9cm 各3本、d. 67頁の③ サテンリボン 28cm 1本)

1 八角クリスタルの左右の穴にGoワイヤーを通し、後ろで捻じる。

2 5mmクリスタルをGoワイヤーに通し、Siスプレーした実に巻く。

3 伸ばしたSiドラート 5.5cm、6cm 3本ずつ各々にGoワ（4に続く）

4 イヤーを通し5.5cmは山形、6cmは細い輪にしSi1.5mm（5に続く）

5 ブリオンを掛け、1の周囲に添えてGoワイヤーで束ね花を作る。

6 Si1.5mmブリオン 8cm、10cm、15cmを歪めた輪にする。

7 葉型と八角をGoワイヤーで繋げ、Si1.5mmブリオンを巻き付ける。

8 同様にして7に5mmクリスタルを繋げ、Siブリオン6cmを通す。

9 45頁の7、8、9を参照し、白テープを使い、コサージュを形作る。

裏側

46

23頁「2月／エーデルワイスのコサージュ」の作り方

材料（56頁掲載の物以外）
- クローブ 9個
- グイの実 3個
- パール（白）8mm 6個、6mm 3個、4mm 27個
- リボン 10cm 7本
- ブローチピン 1個

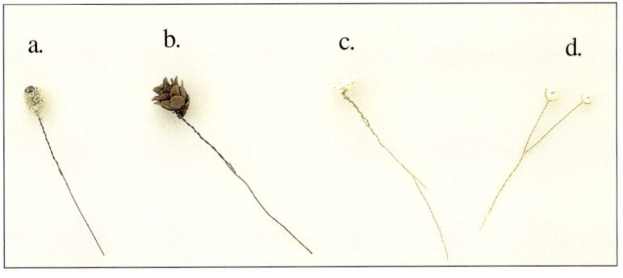

用意するパーツ a. クローブ（60頁の②の応用 GoとSiのブリオンを同時に巻付けたもの 9本）／b. グイの実（63頁のタマラックコーン 3コ）／c. パールフラワー（64頁 8mm 1コと4mm 9個 3本）／d. パールの飾り（64頁の② 8mmと6mm 3本）

1. 換気に気を付け、b.全体にSiスプレーを掛け、乾かす。

2. リボン10cmで67頁の①のループを7本作り肌テープを巻く。

3. c.3本を束ねて捩じり、ステムを折り曲げ支点とする。

4. 3に、a.d.1と2をバランス良くGo糸巻で束ねる。

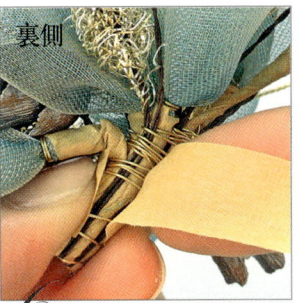

5. ステムを2cmで切る。

6. 切りそろえたステムに肌テープを巻く。

7. ピンをGoワイヤーで固定する。

8. ワイヤーを隠すように肌テープを巻く。

9. 全体のバランスを見て整える。

47

24頁「ポットアレンジ」の作り方

材料（56頁掲載の物以外）
・クローブ 60個　・ヤシャブシミニ 10個　・スターアニス 4個　・シナモン 1.5cm 3個
・パール（白）6mm 4個、5mm 18個、(Go) 6mm 3個
・リボン（ベージュ）6cm 6本、60cm 1本、（茶）65cm 1本、（オーガンジー）70cm 1本
・ポット 1個　・塗料（茶）
・アートフラワー（白）12個、(Go) 12個

用意するパーツ　クローブ（60頁 a. ② 10本、b. ③ 15本、c. ① 35本）／d. ヤシャブシミニ（63頁 10本）／e. スターアニス（61頁の③ 4本）／リボン（f. 67頁の① ベージュ 6cm 6本、66頁の② g. 60cm、h. 65cm、i. 70cm 各1本）

1 5cm×5cm×7.5cmにスタイロを切り、ボンドでポットに固定。

2 カッターで角を面取りして茶色の塗料を塗り乾かす。

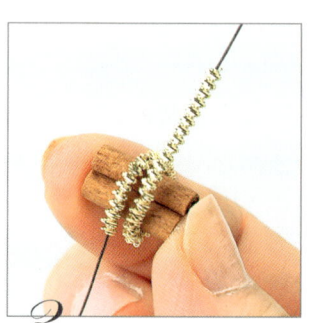

3 62頁の③を参照し、ブリオン 6cmでシナモンを2周し、巻き下ろす。

4 パールフラワー（64頁）を3本作り、まとめておく。

5 Go、Siブリオン 5cmに各々にGoワイヤーを通し、撚って絡ませる。

6 輪にしてワイヤーを捩じり、先端を指で尖らせる。これを9本作る。

7 スタイロに目打ちで穴を空け、4にボンドを付けて挿す。

8 パーツをまとめ、ボンドを付けながらドーム状になる様、挿していく。

9 g. h. i. もスタイロに挿す。

25頁「キャンドル立て」の作り方

材料（56頁掲載の物以外）
- クローブ 35個
- ヤシャブシミニ 12個
- カシュリナ 6個
- パール 6mmの白 5個、5mmの白 5個、4mmのラベンダー 84個
- リーフ 10枚
- アートフラワー（ローズ）12個、小 7個、（ベリー）8個
- リボン 53cm
- 銀色のキャンドル 1本
- プレート 1枚

用意するパーツ クローブ（a. Siブリオン 60頁の② 17本、b. Si輪 60頁の③ 18本）／c. ヤシャブシミニ 12本、d. カシュリナ 6本（63頁）／e. パールの飾り（64頁の② 6mmと5mm 5本）／f. リボン（66頁の③ 53cm 1本）

1 d.にSiブリオンを巻き付ける。

2 4mmラベンダー12個をSiワイヤーに通し輪にする。7本作る。

3 ♯18ワイヤーに、緑テープを巻き、ヘアピン状に折る。

4 3に、更に♯18ワイヤー30cmを1本添えてテープを巻き、芯を作る。

5 4の先に、リーフとパーツ1個を乗せ、緑ワイヤーで束ねる。

6 20cm位の緑テープを緑ワイヤーを隠すように巻き付ける。

7 緑テープが無くなったら足し、カーブを付けながら組む。

8 プレートの大きさに組めたらステムを9cm位で切り、緑テープを巻く。

9 芯先の輪にステムを通し、♯24ワイヤーで2カ所留め、f.を付ける。

49

この本で紹介した香りのある自然素材とその他の木の実

【クローブ】(↓) 香りが良く、肉料理のスパイスとして使われています。いっぱい詰まっている箱を開けるとその香りで幸せな気持ちになります。

【シナモン】(↑) ティータイムに欠かせない甘い香りがします。糸のこで切ると、粉々にならずに、きれいな形に仕上がります。

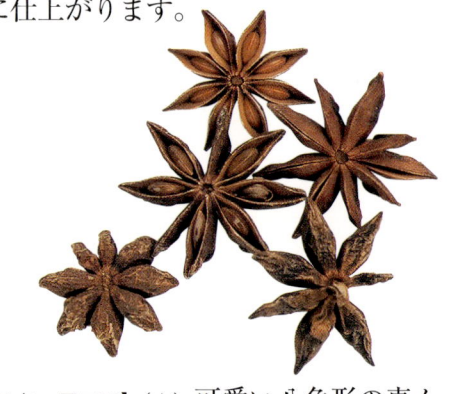

【ジンジャー】(↓) ショウガの香りがします。白い色と、独特の面白い形が、作品を明るく、楽しく見せてくれます。

【スターアニス】(↑) 可愛い八角形の真ん中にクリスタルを乗せたら、キラキラ輝く星の様。五角、六角に壊れてしまっても、それはそれで素敵です。

【コーヒー豆】(→) 小さな豆にブリオンを巻き、コサージュにしました。胸元からのほのかなコーヒーの香りに心優しい気持ちになれるでしょうか。

木の実いろいろ
Natural Materials

【ヤシャブシミニ】こげ茶色の長細い実が作品に深みを出してくれます。

【ブナ】黄土色の尖った実。素朴で温か味のある作品に仕上がります。

【バクリミニ】花の様に可愛い実。中心にパールやブリオンを飾っても素敵です。

【バクリ】堅くしっかりした実なので大きい作品に使えます。

【カシュリナ】ぎざぎざ模様がユニークで、大きさも大小色々です。

【グイの実】松ぼっくりの中でも、割と小さくきれいな形をしています。

【ナツツバキの実】こげ茶色の堅く美しい実。身近によく見かける木です。

【ミニパインコーン】星形の可愛い実。アンバーバームより小さいです。

【ユーカリの実】目打ちで穴を開け、ワイヤーを通して使います。

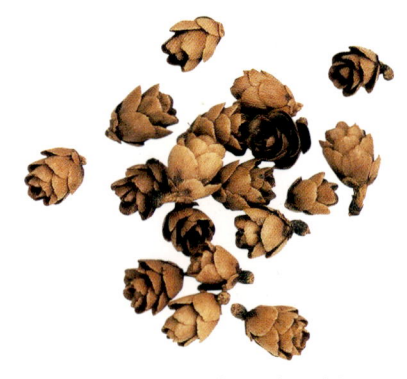

【タマラックコーン】小さくて見ているだけで楽しくなってしまいます。

【シダーローズ】ヒマラヤスギの実で、バラの花の形をした松ぼっくりです。

【トップハット】メキシカンハットとも呼ばれる帽子の形の可愛い実です。

木の実いろいろ
Natural Materials

森や公園へ行ってみましょう

どこかに出掛けた帰り道、たまに寄り道してみませんか。近くの公園でいいんです。いつも見慣れた景色でも改めてじっくり見てみると、何か新しい発見があるかもしれません。さあ、何か楽しい出合いを見付けに出掛けてみましょう。

【メタセコイア】（↑）スラッと高く空に向かって伸びているメタセコイア。秋の紅葉は一段と美しいです。11月頃、緑色の実がなり、3月には茶色くなって落ちてきます。

【ヒノキ】（←）建築材としても、檜風呂でも知られているヒノキ。5月頃には緑色の可愛い実が、葉に鈴なりにつき、2月頃には木の下にいっぱい落ちています。

【スギ】（→）日本で最も高い木だそうです。下から見上げても小さい実はよく見えませんが、下の方の枝には古い実が付いています。古くなった枝ごと地面に落ちている場合があります。

11月初め、神奈川県横浜市の美術館前。赤や黄色に染まった美しいモミジバフウが何本もきれいに並んでいました。朝の澄みきった空と紅葉の素晴らしさにしばしうっとりしていると、1つ、2つ、……数えきれない程のグリーンの実が目に飛び込んできました。何とこれがアンバーバーム？ その時の感動は今でも忘れられない思い出です。

2月。あの実が茶色になり落ちてくるのはいつかしらと、今度は下を見ながらゆっくり歩いていたら、ありました。茶色い可愛い実がころころと……。お店でも買えますが、自分で拾った思い出と共にリースを組んでいったら、それはそれは特別の宝物になりますね。

【アンバーバーム】(↗) 街路樹としてよく見かけるモミジバフウの実。

木の実いろいろ
Natural Materials

八ケ岳の麓、清里高原の7月、清々しい風を浴びながら花の森公園を歩いていると、コノテヒバの木がありました。庭先でも見かけるこの木、清里の光を浴びるとこんなにも瑞々しくなるのでしょうか。ふと見ると、ここにも小さな薄緑色の実が付いているのです。葉の先に鈴なりになって、何か宇宙から星が舞い降りたように幻想的でした。

あの薄緑色だった実は、秋の爽やかで少しひんやりとした風を受け、冬の真っ白で冷たい雪に出会い、そして3月、春の穏やかな陽差しの中で茶色く輝いていました。この実は何に飾ったら喜んでくれるでしょうか。そう、桜の花びらのコサージュにして胸を飾ってもらいましょう。ワイヤーをかけてゴールドスプレーをして……。

【コノテヒバ】すぐに折れてしまう実もあるので、堅い実を選びましょう。

この本で使う植物以外の材料と道具

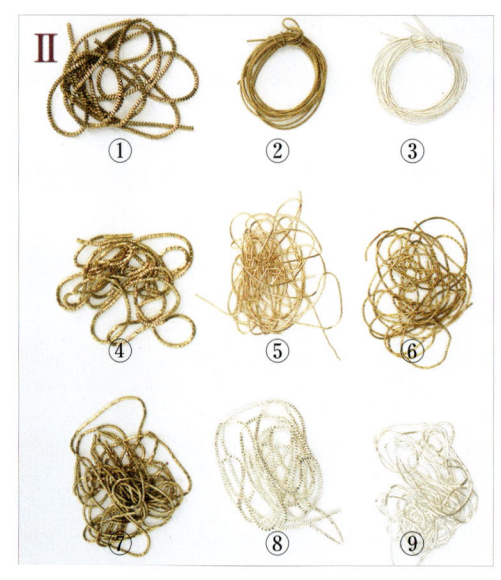

＊説明中の（　）内は略称

写真 I

① 銀色のスプレー（Siスプレー）
② 金色のスプレー（Goスプレー）
③ ボンド
④ 接着剤
⑤ スチロール球
⑥ スタイロフォーム（スタイロ）
⑦ 金色の糸巻ワイヤー（Goワイヤー）
⑧ 銀色の糸巻ワイヤー（Siワイヤー）
⑨ 茶色の糸巻ワイヤー（茶ワイヤー）
⑩ 緑色の糸巻ワイヤー（緑ワイヤー）
⑪ 茶フローラルテープ（茶テープ）
⑫ ストローフローラルテープ（肌テープ）
⑬ 緑フローラルテープ（緑テープ）
⑭ ミントアイボリーフローラルテープ
　　　　　　　　　　　（白テープ）
⑮ ＃28茶地巻ワイヤー（＃28ワイヤー）
⑯ ＃26茶地巻ワイヤー（＃26ワイヤー）
⑰ ＃24茶地巻ワイヤー（＃24ワイヤー）
⑱ ＃18ハダカワイヤー（＃18ワイヤー）

写真 II

① 直径3mmの金色ブリオン
　　　　　　　　（Goブリオン）
② 金色のドラート（Goドラート）
③ 銀色のドラート（Siドラート）
④ 金色の丸ブリオン（丸ブリオン）

⑤ ⑥ 直径1mmの金色ブリオン
　　　　　　　（細ブリオン）
⑦ 直径1.5mmの金色ブリオン
　　　　　　　（1.5mmブリオン）
⑧ 直径3mmの銀色ブリオン
　　　　　　　（Siブリオン）
⑨ 直径1.5mmの銀色ブリオン
　　　　　　　（Si 1.5mmブリオン）

写真Ⅲ
① ② 白色のパール（パール（白））
③ キャップ
④ 金色の楕円パール（パール（Go楕円））
⑤ ⑥ ⑦ クリスタル

写真Ⅳ
① アートフラワーの花びら
② ③ ⑥ ⑨ ⑫ ⑬
　　　アートフラワーの花
④ ⑦ ブレード
⑤ サテンリボン
⑧ オーガンジーリボン
⑩ ⑪ ベルベットリボン
⑭ ⑮ アートフラワーの実
⑯ アートフラワーのリーフ

写真Ⅴ　道具
① 定規
② ピンセット
③ カッター
④ 鋸（歯の細かいもの）
⑤ ペンチ
⑥ ⑦ はさみ
⑧ 竹串
⑨ 目打ち

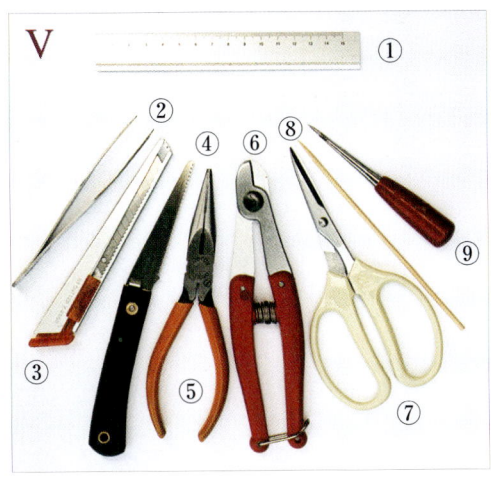

輸入雑貨店へ行ってみましょう

おしゃれな輸入雑貨店や、デパートのインテリア小物売り場、フェアなどに行ってみましょう。ヨーロッパから輸入された一点物の素敵な小物が見つかるかもしれません。それに好きな飾りを付けたら、たった一つしかない自分ブランドが誕生します。

下は、家具店のサイドボードの上に飾られていました。何とも言えないいい色だったので早速買い求め、スパイスと花、リボンをいっぱいに飾り「春を運ぶ馬車」と名付けました。

右ページ上はドイツ製の天使のキャンドル。オフホワイトのお皿にのせて飾りを付けました。

右ページ中はソリの置物。クリスマスにスパイスの香りに夢を載せて届けます。

右ページ下はイタリア家具ショップで、卓上ツインベルを見付けました。二つのベルが仲良く寄り添っています。

春を呼ぶ馬車（横33cm×奥行き10cm×高さ16cm）

その他の素材
Other Materials

天使のメロディー
（横17cm×奥行き10cm×高さ14cm）

夢をのせて〜ソリ（横32cm×奥行き7cm×高さ12cm）

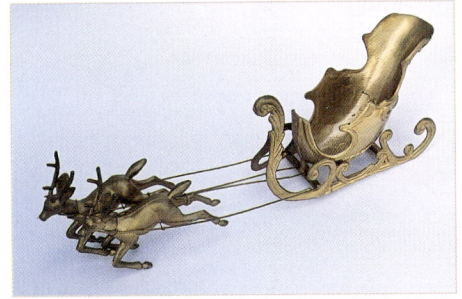

ツインベル（横11cm×奥行き9cm×高さ16cm）

59

基本のワイヤリング「クローブ①〜④」

クローブ①　ワイヤリング

1 ＃28ワイヤーを爪の下にしっかりと巻き付ける。

2 3回ら旋状に巻き下ろす。

クローブ②　ブリオン巻き付け

1 少し引っ張り、伸ばしたGoブリオンを①のクローブの根元に巻く。

2 クローブのヘッドの部分だけ残し、Goブリオンを巻き付ける。

3 上下斜めにブリオンを巻き付けたら根元の＃28ワイヤーに巻き、切る。

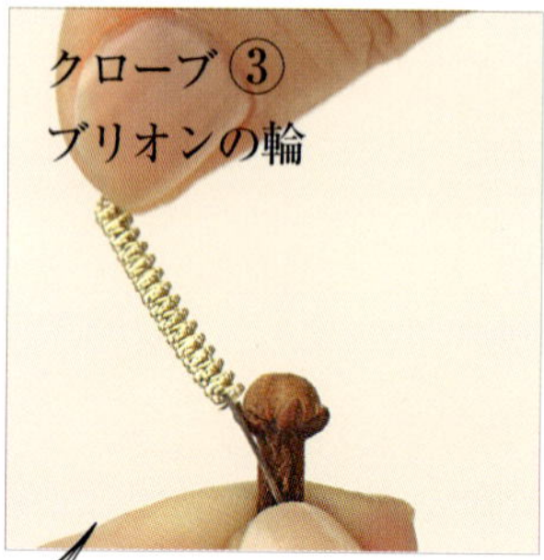

クローブ③　ブリオンの輪

1 Goブリオン2cmを通した＃28ワイヤーを、爪の一つに掛ける。

2 Goブリオンを4つの爪に乗せながらヘッドに沿い一周させる。

3 ＃28ワイヤーを、クローブの軸にら旋状に巻き下ろす。

クローブ④　ブッシュ（6個）

1 茶テープを引っ張りながら、クローブの軸にしっかりと巻き付ける。

2 茶テープは軸の1cm位下まで巻いて切る。6個作る。

3 茶テープの部分を＃28ワイヤーでまとめ更に上から茶テープを巻く。

基本のワイヤリング「スターアニス①〜③」「コーヒー豆」「ジンジャー」

スターアニス①

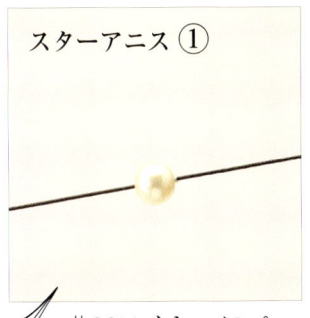

1 #26ワイヤーにパールを通す。

2 パールをスターアニスの上に乗せる。

3 #26ワイヤーをスターアニスの下で捻じる。

スターアニス②

1 #26ワイヤーを、スターアニスの上に乗せ、下で捻じる。

2 Goブリオンを根元に巻き付け伸ばしながらぐるぐると巻いていく。

3 ある程度巻き付けたら、根元に再び巻き付けて切る。

スターアニス③

1 スターアニス①の根元にGoブリオンを巻き付ける。

2 ②の2、3の要領でGoブリオンを巻き付ける。

コーヒー豆

1 コーヒー豆の平らな部分に接着剤を付け、2個を貼り合わせる。

2 1.5mmブリオンに3cm位、Goワイヤーを通し、1に、優しく掛ける。

ジンジャー

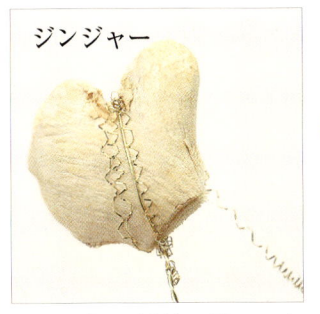

窪んだ所にGoワイヤーを掛け、細ブリオンを伸ばしながら掛ける。

61

基本のワイヤリング「シナモン ①〜④」

シナモン ①

1 #26ワイヤーにパールを通す。

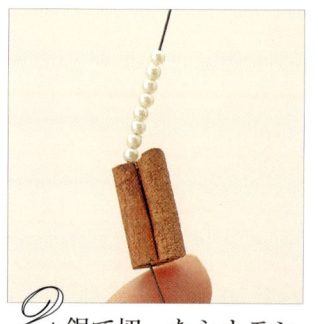

2 鋸で切ったシナモンの空洞部分に、縦に1を通す。

3 シナモンの縦の窪みにパール部分を乗せ、ワイヤーを捩じり下ろす。

シナモン ②

1 #28ワイヤーをブリオン1cm（A）、パール、Aの順に通す。

2 シナモンの窪んだ部分にパールを乗せ、後ろでワイヤーを捩じる。

3 #28ワイヤーをシナモンに通し、先のワイヤーと共に捩じり下ろす。

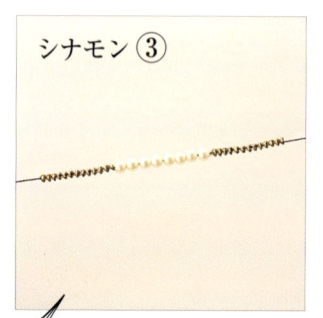

シナモン ③

1 #28ワイヤーをブリオン2.5cm（B）、パール、Bの順に通す。

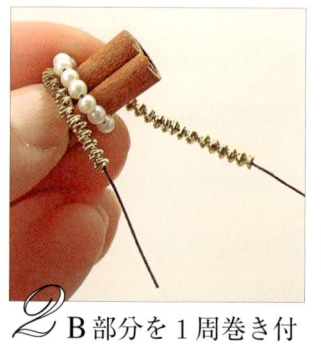

2 B部分を1周巻き付け、次にパール、Bの順に巻き付ける。

3 パールの反対側でワイヤーを捩じり、②の3同様に補強する。

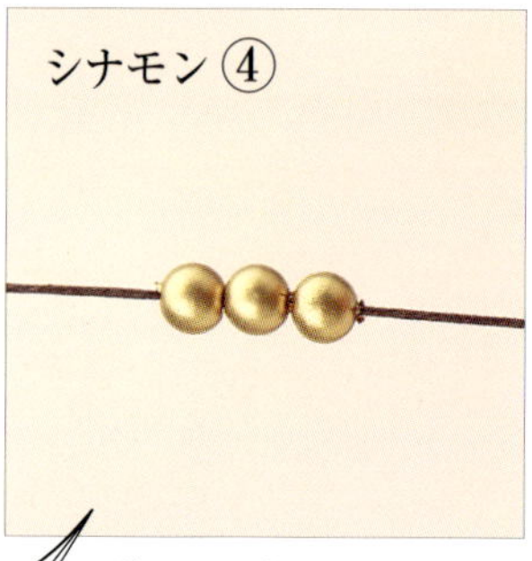

シナモン ④

1 #26ワイヤーにパールを通す。

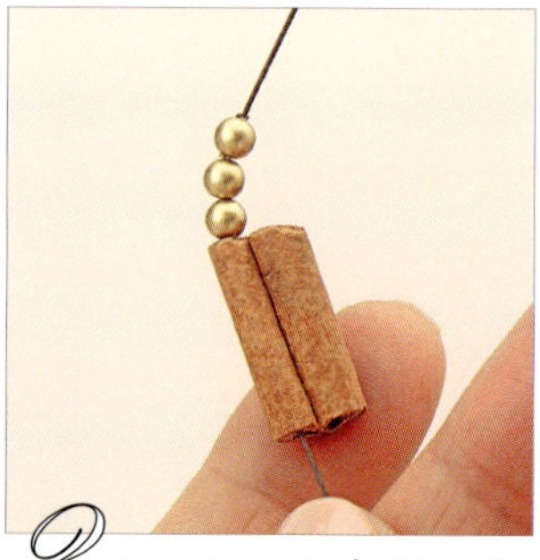

2 シナモンの左側の空洞部分にワイヤーを通し上にパールを乗せる。

3 右側の空洞部分に上からワイヤーを通し、下でワイヤーを捩じる。

62

基本のワイヤリング「その他の木の実」

ブナ
#26ワイヤーを切れ込み一つに掛け、茎に巻き付けて捩じり下ろす。

カシュリナ
#26ワイヤーを縦中心にぐるっと回し、茎に巻き付け、捩じり下ろす。

ヤシャブシミニ
#28ワイヤーを横に1周半、回し、茎に巻き付け、捩じり下ろす。

アンバーバーム
#24ワイヤーを、横に一周半回し、茎に巻き付け、捩じり下ろす。

バクリ
#28ワイヤーを切れ込み部分2カ所に各々掛け、4本共に捩じる。

バクリミニ
バクリに同じ。

コノテヒバ
1 左側の一片に#26ワイヤーを手前から向こうに掛ける。

2 ワイヤーは、実の裏側を斜めに下ろして右側の一片の下より出す。

3 #26ワイヤーを手前より向こうに掛け、裏で交差して捩じる。（裏側）

ヒノキ
#28ワイヤーをコノテヒバの実と同様にたすき掛けにし、裏で捩じる。

タマラックコーン
#28ワイヤーを実の下の一片ずつに埋め込んで、一周したら捩じる。

メタセコイア
下から1/3位の所に#26ワイヤーを横に回し入れ、捩じって下ろす。

基本のワイヤリング「パール」「クリスタル」

中心のパール
パールにGoワイヤーを通し、合わせて、捻じり下ろす。 

パールの飾り ①
1 パール3個にGoワイヤーを通す。 
2 パールの両端から出ているワイヤーを合わせて捻じり下ろす。

パールの飾り ②
1 上の「中心のパール」を作り、2cm捻じったら、もう1個パールを通す。 
2 先のパールの根元までワイヤーを捻じり、そのまま捻じり下ろす。 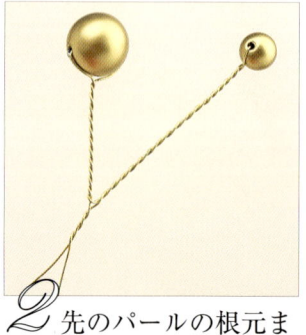

パールの飾り ③
左の②の様にして、パール5個を枝分かれした様に作る。

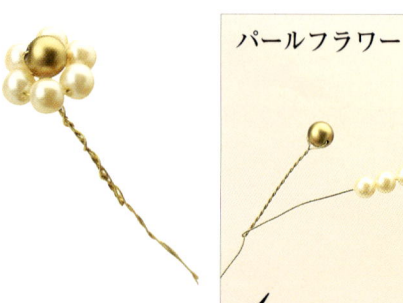

パールフラワー
1 6mmパールで、「中心のパール」同様に作り、5mmパールを6個通す。 
2 6mmパールの下を押さえ、周りを囲むように5mmパールを回す。 
3 5mmパールの1個に二重にワイヤーを入れ輪にして捻じり下ろす。

クリスタルのしずく
1 クリスタルにGoワイヤーを通し捻じる。
2 1.5mmブリオン6cmに、1のGoワイヤーを通す。 
3 ブリオンの部分を竹串に巻き付け、ら旋状にし、竹串を抜く。

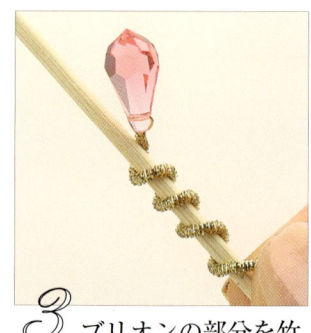

基本のワイヤリング「ブリオンフラワー」

ブリオンフラワー①

1 ブリオンを4cmに切り、Goワイヤーを通す。

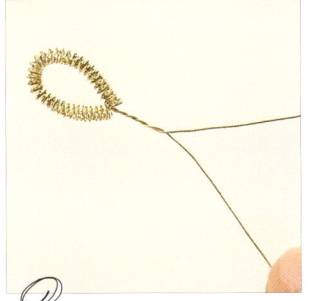

2 輪にしてGoワイヤーを捩じり下ろし、花びらを5枚作る。

3 64頁「中心のパール」の周りに2を配置し、Goワイヤーでまとめる。

ブリオンフラワー②

1 ドラートを少し伸ばし、細ブリオンが掛かり易い様にする。

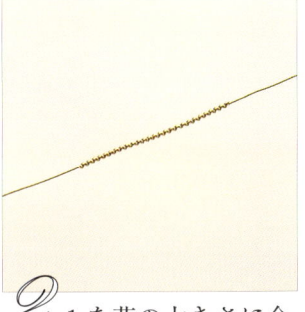

2 1を花の大きさに合わせて切り、Goワイヤーを通す。

3 輪にしてワイヤーを捩じり下ろす。花びらの数だけ作る。

4 細ブリオンを花びらの根元に巻き、伸ばしながら3に掛ける。

5 終わりは根元に巻き、ドラートの上になる部分を爪で押さえる。

6 ①と同様にしてまとめる。

ブリオンフラワー③

1 伸ばしたドラートにGoワイヤーを通し、半分に折る。

2 1のワイヤーを左右片方ずつ折り曲げ、花びらの先端を作る。

3 Goワイヤーを捩じり、細ブリオンを伸ばしながら掛ける。

基本のワイヤリング「リボン」

リボン①

1 リボンの表を外側にして、写真のように畳む。

2 #26ワイヤーで中心を捩じって結ぶ。

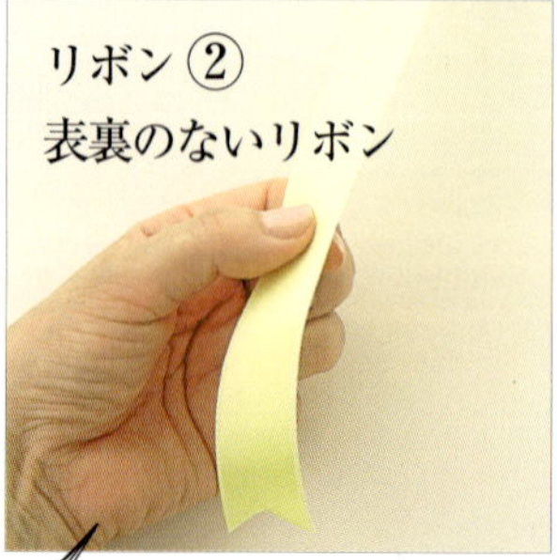

リボン② 表裏のないリボン

1 親指と人差し指でリボンを挟む。リボンの長さは後で切り、調整する。

2 親指を覆うようにして輪を作り、親指、人差し指、中指で挟む。

3 人差し指で後ろ側にループを作り、親指の下にリボンを重ねる。

4 同様に下側もループを作り、親指で押さえた所にワイヤーを掛ける。

5 4ループの時は、上下に一つずつループを足し、ワイヤーを捩じる。

リボン③ 表裏のあるリボン

1 表を上にして親指と人差し指でリボンを挟む。

2 右手の親指をリボンの裏にあて、リボンを180度捩じる。

3 捩じった所を親指と人差し指でしっかりと挟んで持つ。

4 ②の2と同様に、親指に覆い被さる様に輪を作る。

66

基本のワイヤリング「リボン」

5 リボンの表に右手親指をあて、表が出るように180度捻じる。

6 ②の3と同様にループを作り、180度捻じって表が出るようにする。

7 下にもループを作り、180度捻じって表を出し、ワイヤーを掛ける。

リボンループ①

1 リボンを輪にし、両端にワイヤーを絡ませ、捻じり下ろす。

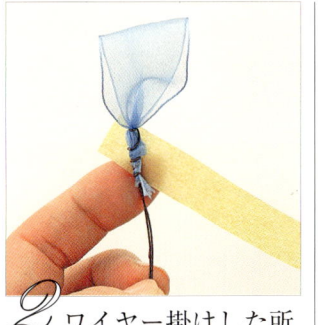

2 ワイヤー掛けした所にフローラルテープを巻く。

リボンループ②

ループを2つ作り①と同様にする。

花びら

花びらの根元にギャザーを寄せ、ワイヤーを絡ませ捻じり下ろす。

リボンループ③

①のループを作り、片方だけリボンがたれる様にワイヤーをかける。

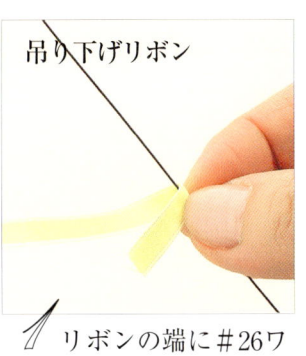

吊り下げリボン

1 リボンの端に#26ワイヤーを乗せ、リボンを手前に折り曲げる。

2 ワイヤーを3〜4回、捻じる。

3 捻じったワイヤーを手前に折り曲げ、上下に開く。

4 もう一度リボンを手前に折り曲げ、ワイヤーを捻じる。

67

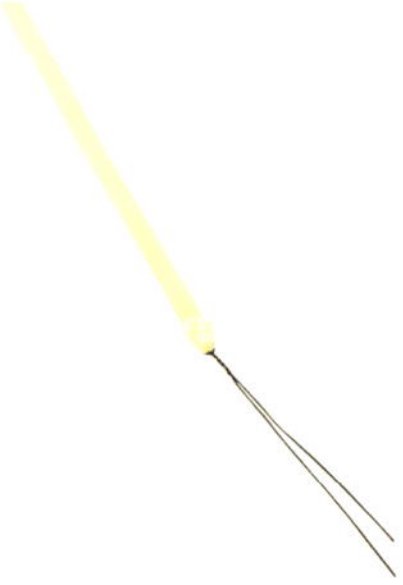

四季の色合い　〜マインシュティール〜

花とリボンを組み合わせて、気品があって素敵な色合わせを考えてみましょう。四季のイメージカラーは、
- 春が新緑のみずみずしさ溢れる「ミントグリーン」
- 夏が涼しげでロマンティックな「ラベンダーブルー」
- 秋は実りの大地「ボルドーブラウン」
- 冬がクリスマスの「ゴールド」と雪の「アイスブルー」

です。

【春の色合い1】

ウェディングブーケを思わせる白との組み合わせで爽やかに

【春の色合い2】

優しい初々しさを表現したサーモンピンクの花を合わせて

【春の色合い3】

明るく華やかで元気をもらえそうな黄色との組み合わせ

春の色合い～ミントグリーン
Colours for Spring
～Mint Green
Coordinates

【夏の色合い1】

清々しい紫陽花にはあえて
ベルベットのリボンでアクセント

【夏の色合い2】

ブルーにピンクと黄色を
合わせてもエレガントに

夏の色合い～ラベンダーブルー

【夏の色合い3】

クールなブルーにラベンダー色を
合わせてロマンチックに

【秋の色合い1】

コーヒー色の花にオーガンジーのリボンと可愛いオレンジ色を

【秋の色合い2】

ボルドーのリボンと茶のジョーゼットで華やかに

【秋の色合い3】

シナモン色のリボンにはオレンジ色の花と実で

秋の色合い〜ボルドーブラウン
Colours for Autumn
〜 Bordeaux Brown
Coordinates

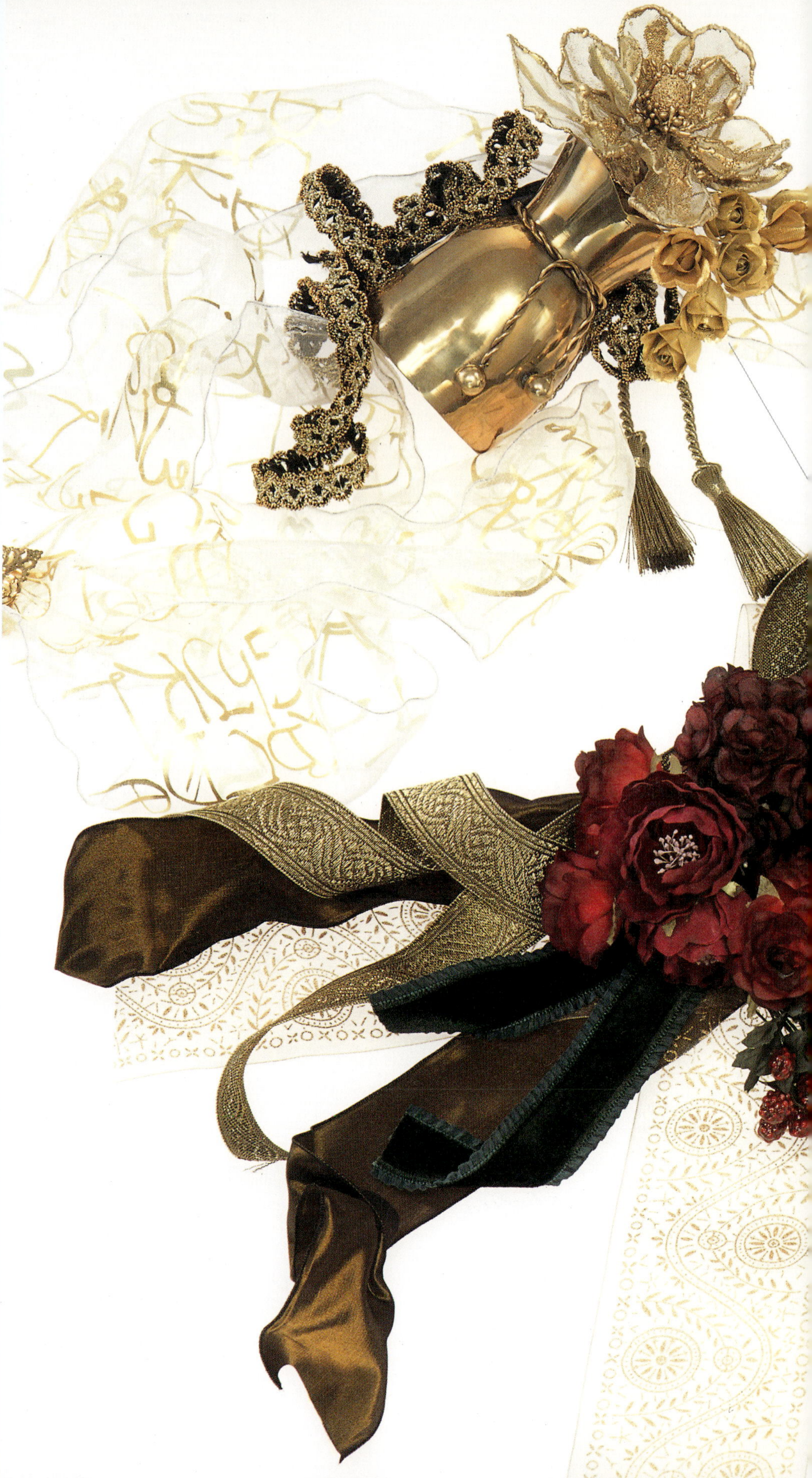

冬の色合い～ゴールド/アイスブルー
Colours for Winter ～ Gold / Ice Blue Coordinates

【冬の色合い 1】

マットなゴールド、透明感のあるゴールド、素材もいろいろ

【冬の色合い 2】

クリスマスカラーの赤、緑、ゴールドの組み合わせ

【冬の色合い 3】

雪の中にこんな花を見付けたらうれしくなります

道具／材料取扱い店リスト （2006年7月現在）

株式会社 エス・ワイ・ピー （輸入小物等）
　　　〒167-0052　東京都杉並区南荻窪3-32-4　電話：03-3397-3827

株式会社 貴和製作所 （クリスタルビーズ等）
　　　〒111-0053　東京都台東区浅草橋2-1-10　貴和ビル　電話：03-3863-5111

クラフトブティック ギンザソレイユ
（クラフト用ウッド、塗料、木の実、ブリオン類、パールビーズ等）
　　　〒104-0061　東京都中央区銀座1-6-2　銀座Ａビル　電話：03-3561-6021

株式会社 シモジマ （アートフラワー、木の実等）
　　　〒111-0053　東京都台東区浅草橋5-29-8　電話：（代）03-3864-0061

株式会社 東京堂 （リボン、木の実、アートフラワー関係、ブリオン類等）
　　　http://www.e-tokyodo.com

有限会社 プロフローラ （花器類、木の実、ブリオン類、アートフラワー関係等）
　　　〒162-0067　東京都新宿区富久町13-14　電話：03-3350-8757

株式会社 ポピー　横浜ディスプレイミュージアム （木の実、ブリオン類等）
　　　〒221-0055　神奈川県横浜市神奈川区大野町1-8　アルテ横浜
　　　電話：045-441-3933

株式会社 木馬 （リボン等）
　　　〒111-8518　東京都台東区蔵前4-16-8　電話：03-3864-1408

株式会社 ユザワヤ （木の実、クリスタルビーズ、ブリオン類、リボン等）
　　　〒144-8660　東京都大田区西蒲田8-4-12　電話：03-3734-4141

ラ・ドログリー オフィス （リボン等）
　　　〒603-8053　京都府京都市北区上賀茂岩ケ垣内町98-4　電話：075-706-6177
　　　http://www.ladroguerie.jp

教室リスト

マインシュティール本校【グリューン】
　　　〒156-0044　東京都世田谷区赤堤3-2-6　電話：03-3324-8101

ソレイユフォークアートアカデミー
　　　〒104-0061　東京都中央区銀座1-6-2　銀座Ａビル　電話：03-3561-6041

NHK文化センター　ランドマーク教室
　　　〒220-8116　神奈川県横浜市西区みなとみらい2-2-1-1
　　　横浜ランドマークタワー16階　電話：045-224-1110

～～～～～～～～～～～

よみうり文化センター 川越（講師　安部幸子）
　　　〒350-1123　埼玉県川越市脇田本町14-12　第一住宅ビル５階
　　　電話：049-247-5000

久が原教室【グリュック】（講師　阿部幸子）
　　　〒146-0084　東京都大田区南久が原2-13-8　電話：03-3750-5094

国分寺教室【グレンツェン】（講師　白倉紀子）
　　　〒185-0012　東京都国分寺市本町2-6-10　電話：042-323-1861

千鳥町教室【ゲヴュルツドゥフト】（講師　倉澤薫）
　　　〒146-0085　東京都大田区久が原5-24-7　電話：03-5748-1087

石神井教室【リーベ】（講師　頴川弘子）
　　　〒177-0041　東京都練馬区石神井町4-12-17　電話：03-3996-0767

志木教室【フロイエン】（講師　安部幸子）
　　　〒351-0025　埼玉県朝霞市三原2-20-2　電話：048-471-8221

小山教室【ブルーメ】（講師　小林あんり）
　　　〒323-0822　栃木県小山市駅南町6-15-30　電話：0285-27-6732

Postface
おわりに

　オーストリアと言えば、モーツァルト、シュトラウス……の音楽。クリムト、シーレ……の芸術。マリア・テレジア、エリザベート……のハプスブルク家。そして『サウンド・オブ・ミュージック』の映画の舞台、アルプスに咲く可憐なエーデルワイスの花。

　あのアルプスの麓でスパイスに木の実を添え、ゴールドやシルバーの飾りを付け、パールビーズ等を加えて作品を創っていた何百年も昔の人々の事を思うと、何ともゆったりとした、楽しい気持ちになってくるのです。

　その上クローブの香りに癒され、シナモンの甘い香りに夢見心地になり、パールビーズやクリスタルの輝きでウィンナワルツの舞踏会を思い浮かべます。そして少女の頃に憧れ集めた美しいリボンの数々は当時の思い出を蘇らせます。

　基本のワイヤリング、基本の作品をマスターしたら、身近にある公園で木の実を拾い、洗剤とお湯でしっかり洗い、天日干しして思い出と共に作り込みましょう。又、小物探しのショッピングも楽しんで下さい。一流ブランドのウィンドウ・ディスプレイもカラーとデザインのお勉強。

　以前に一日何回感動するかしらと、数えてみたことがあります。心って不思議ですね。自分で改めて思ってみるとどんな小さな事でも感動出来るんです。例えば、コンクリートの道路の

隅に、ほんの少しの土を見付けてイヌノフグリが、小さなブルーの花を咲かせていたり……。目で見ていても、心で見ていない事ってたくさんあるのですね。身近にある事でいっぱい感動し、素敵に自分のスタイルを歩んでいきたいと思っています。

　一人でも多くの方に、このマインシュティールの楽しさ、自分ブランドを作り上げる楽しさが伝わることを、心より望んでいます。

　この本の出版にあたり、大変お世話になりました日貿出版社の鈴木さん、高島さん、カメラマンの奥山さん、増田さんに心よりお礼を申し上げます。

著者：石井万里子

マインシュティール本校【グリューン】主宰
日本ナチュラルカラーリストスクール東京世田谷校主宰
国家検定フラワー装飾1級技能士
ハプスブルク芸術友好協会宮廷芸術会員

　オーストリアのインスブルックにてスパイス装飾を学び、フランス、アメリカ、日本スタイルのフラワー装飾及びナチュラルカラーをベースに自分流にアレンジし「マインシュティール」を確立。

　カルーゼル・ドゥ・ルーブルグランプリ、ハプスブルク宮廷記念芸術双鷲賞、他多数受賞。
　著書に『Mein Stil～煌めきの贈り物』（草土出版社）、『GRACE』（美研インターナショナル）がある。

　ウェブサイト・アドレス
http://home.att.ne.jp/omega/meinstil/

ゴージャスでスパイシーな
香りのコサージュを作る
四季のギフト　マインシュティール

●定価はカバーに表示してあります

2006年10月16日　初版発行

著　者　　石井万里子
発行者　　水野　　渥
発行所　　株式会社日貿出版社
東京都千代田区猿楽町1-2-2　日貿ビル内
電話　営業・総務（03）3295-8411／編集（03）3295-8414
FAX　（03）3295-8416
振替　00180-3-18495

印刷　大日本印刷株式会社
撮影　奥山和久／増田智／石井万里子
© 2006 by Mariko Ishii. Printed in Japan.

ISBN4-8170-8101-5　　　http://www.nichibou.co.jp／
落丁・乱丁本はお取り替えいたします。

本書の内容の一部あるいは全部を無断で複写複製（コピー）すること
は法律で認められた場合を除き、著作者および出版社の権利の侵害と
なりますので、その場合は予め小社あて許諾を求めて下さい。